新制度主義與社會資本

From New-Institutionalism to Social Capital

李英明◎著

序

從希臘羅馬式的哲學思辨，經啓蒙運動到科學主義時期，人類透過感官與思維的作用，歸納演繹出一套套的知識系統；然而，當知識思想界企圖想通過這些知識系統一窺人類世界的全貌時，發現「人算往往不如天算」，人類建構的知識系統，僅能解釋「人的選擇和行爲」的一部分，並非全部。因此，在面對這些知識系統時，我們不得不回到「人到底是什麼？」這樣根本的問題。

「我是誰？」是一個相當古老的命題，環繞著這個命題開展出來的，是一連串「人類生命和生活如何可能操作」的討論。包括「人類是以何種方式和我們所謂的『客觀世界』共存？」；「人類的理性思維是如何產生的？」，「人類又如何通過這種理性思維做出不同的選擇與行動？」，而「『客觀世界』又是如何在這個過程中被人類所認識、對人類產生影響？」，甚至我們可以進一步的問，「什麼是『客觀世界』？」；「眞的有一個與人類主體截然二分的客觀世界存在嗎？」；「人類主體能動性和客觀世界的關係應該如何被看待？」；這些包括制度、規範等所形成的結構，究竟是作爲制約或影響人類思考、行爲、行動所存在；還是只是單純的做爲人類思考、行爲與行動的背景，人類依舊可以通過自己先天所具有的理性，來想方設法達到自己想要追求的目

標與利益？抑或是結構與人類並不是呈現二元對立的存在，而是相互依托、相互滲透、相互作用的辯證關係，兩者是呈現一種共生共榮的「鑲嵌」（embedded）關係？

想想看，如果有一天，一覺醒來，地球上只剩下你一個人，你會怎樣過生活？你所熟悉的「世界」不存在了，大家不知道去了哪裡，原本在你生活中的人，不管是你喜歡的、討厭的、認識的、不認識的，全都消失不見了；原本你答應別人要做的事、要開的會、要打的電話，通通都不用做了，因為，大家都不見了，你的生活只剩下你一個人！這時候，你也許會驀然發現，原來你的生活與其他人是緊緊的結合在一起的，一條看不見的線串連你跟圍繞在你身邊各式各樣的人，讓你在這個「被串連起來的世界」裡生活、呼吸、工作、吃飯、玩樂和睡覺。你平常做的一切都是與別人互動的過程，不管是積極或消極，也不管是有形的還是無形的，你其實都是生活在這個由你和其他人共同組成的生活網絡中；沒有了別人，一切習以為常的事情也就將不復存在，你的生活也成為一片空白。

事實上，人類的理性選擇能力與由制度、組織或規範所形成的結構，在具體的「關係網絡」互動中，從來就不是對立的狀態，而是彼此「互為鑲嵌」的交錯在一起，呈現一種辯證的發展。人的理性選擇能力，如果沒有通過結構做為依托或脈絡背景，則只是抽象的存在；

同理，結構如果沒有通過人類的理性選擇能力來表現、發揮其作用，這樣的結構也是不切實際的。兩者之間彼此滲透、互為依存的辯證關係，才是作為生活世界中具體的「關係網絡」能夠運作發展的主因。

本書便是以「互為鑲嵌」這個概念做為思考的核心，一方面論述「人的理性選擇和結構如何通過彼此鑲嵌」的模式，具體的表現在人們日常生活關係網絡互動之中；另一方面則是探討「社會資本如何通過鑲嵌互動所形成的具體的關係網絡」來操作。在章節安排方面，我們首先分析「關係網絡」操作中的彼此競合卻又相互辯證的「效率、效益和正當性」的問題，然後提到「結構洞的分析與操作是如何可能」的問題，最後再由此來探討「社會資本的概念形成與操作」，這部分包含了「資本的生產與再生產」以及「資本是什麼」等問題。可以這麼說，本書的重點不只在告訴我們「什麼」，更重要的是在告訴我們「為什麼」；不只是告訴我們「新制度主義」與「社會資本」和一些與其相關的概念「是什麼」，更重要的是要說明「它們為什麼是這樣」。這樣的論述模式，相信或多或少可以帶給讀者一些啟發與思考。

本書的完成，要感謝賴皆興、黃健群同學的整理校對，以及林祈昱、趙文瑾、賴欣儀和鞏祥生同學的編排打字，同時要感謝揚智文化的葉總經理的大力支持與詹主編的辛苦編輯。一本書的出版，總是希望能引起更多

人的共鳴與討論，希望各位先賢能不吝指正賜教，這是
我所衷心企盼的。

李英明

謹序於台北木柵

2005年3月25日

目　錄

第一章

從古典（舊）制度主義到新制度主義：人的圖像的轉移

　　「人到底如何能夠選擇和行動？」這是諸多知識所共同關心的課題。而與這個課題相關聯的重要問題是：「人的利益和偏好如何形成？」、「人的利益和偏好究竟是源自人的生命能力的表現亦或是被形塑和建構的結果？」從這個問題再延伸出來的問題是：「理性是不是被給定的（given）人所天賦的生命能力？」；「理性、制度、結構、文化、價值、規範等在人的選擇和行動中到底扮演什麼角色或起了什麼作用？」而若從這個問題再延展下來就必須面對這個問題：「人到底有無所謂的自主性和自由？」

　　20世紀以來，包含政治學和經濟學在內的社會科學，努力地想回答上述這些問題，並且具體表現在古典（舊）制度主義（institutionalism）、行為主義（behavioralism）和新制度主義（new-institutionalism）的發展演變過程中。若先簡單的進行比較，古典制度主義的方法論是**整體主義**（holism）的；而行為主義則是屬於**個體主義**（individualism）的；至於新制度主義，則在某種程度上表現出折衷主義的色彩，企圖調和整體主義與個體主義；這樣的發展形勢，或許已經透露出：**宏觀分析其實是可以和行為分析相結合的**。

一、古典制度主義的論述

　　觀察政治學的發展歷史，我們可以發現：政治學是

根植於制度研究之中，這與近代「民族國家」或「國家的建構」有著微妙的連結關係，政治學的古典制度主義將這個傳統的特色發揮到高峰，重視制度（特別是法律制度）對於「人的行為」的影響，從而古典制度主義也可以被稱呼為法律制度主義（legal institutionalism）。而且，總的來說，古典制度主義的政治學基本上是為「政治或制度如何最好的運作」的論述而服務的，從而使其表現出相當鮮明的**國家主義**（statism）的色彩[1]；或許，我們可以說，古典制度主義政治學是為**國家的建構**或如何形成最好的統治（governing）而服務的。

古典制度主義在方法論上採取**整體主義**的立場，從而使其在本體論上也相應地採取**唯實論**（realism）的立場，這種唯實論強調制度對於人的行為的影響和決定，從而表現出**某種宏觀決定論**或結構決定論的色彩，並且看似幾乎（或完全）沒有為人或**個體**的影響力或自主性留下空間。不過，從古典制度主義的論述邏輯來看，其似乎主要是要告訴人們：個體或部分是**鑲嵌**（embedded）在制度（或整體、總體）之中的，或許，古典制度主義為人們留下的最重要的歷史遺產之一，就是揭露了**人或個體**是**制度性**或**整體性**的存在，人或個體的行動或行為，必須從其在制度中或總體中的**角色**和**位置**才能被理解。此外，古典制度主義雖然賦予制度的客觀實在性，

---

[1] Peters, B. Guy, *Institutional Theory in Political Science: The New Institutionalism*, Pinter, 1999, pp.4-5.

但在另一方面，卻會著重分析現存的制度是如何從歷史中演變發展形成的。因此，古典制度主義會強調制度的**歷史性**，認為制度是鑲嵌在**歷史發展脈絡**，以及鑲嵌在因著歷史發展脈絡所形成的社會、經濟和文化的情境之中[2]。而從這裡再推衍下去，就可以認為人的行為是歷史制約下的結果，或者可以說，人是鑲嵌在歷史之中的，古典制度主義上述這樣的**整體主義**和**歷史主義**意涵，為制度主義的傳承留下了遺產，從而也可以說是為**新制度主義**（特別是歷史制度主義）奠下了某種歷史基礎。

不過，古典制度主義雖然已論及到制度嵌入在歷史中；但是，古典制度主義並沒有把歷史看成是「人的實踐」的過程，因此並沒有進一步推論出制度是嵌入在「人的實踐過程」的看法，從而如前所述，古典制度主義幾乎沒有賦予（empower）人或個體面對制度的自主**空間**，乃至於經常陷入**結構決定論**或者是**歷史決定論**的偏限中。

此外，或許由於古典制度主義和國家建構之間的微妙密切關係，使得其不止展現了如上述的國家主義色彩，而且也包含了鮮明的**正式主義**（formalism）的色彩，強調正式制度的重要性，甚至導向認為制度就是**歷史的內涵**；從而忽略非正式制度的關係網絡的重要性[3]；

---

[2] Ibid., pp.9-10.

[3] Ibid., p.8.

或者說，無法賦予非正式制度的關係網絡在歷史發展中的角色。

　　強調正式制度的重要性很容易使古典制度主義的論述和西方中心主義或種族主義（ethnocentric）傾向連結在一起；因為，古典制度主義可以強調，如果沒有建立或缺乏正式制度，特別是憲政架構的國家，其政治甚至包括經濟是不會運作順暢的[4]。從這個角度觀之，古典主義是可能帶有一定的意識形態色彩，而這種色彩除了可以具體表現在比較西方和非西方國家（或所謂較不發展的國家）之上；甚至還可以表現在同樣西方國家之間的政經發展的比較上。因此，雖然古典制度主義會從歷史向度談制度的歷史脈絡特性，點出了制度因著歷史而來的獨特性和差異性；但是，古典制度主義在另一方面又會為這些差異性排出好壞優劣或進步落後的序列，亦即古典制度主義途徑可以導引研究朝向「比較性的」論述，但是，這樣的比較可能會成為充滿了價值判斷的帶有高度規範色彩的比較。

　　古典制度主義制約／導引下的政治研究或論述，主要延續人類長期以來對「好政府、好統治或好國家如何可能？」這個問題執著的傳承。不過，這個傳承遭到行為主義革命某種程度的揚棄；而這個揚棄主要是以找回人或個體的自主性做為基礎的。而人或個體的自主性如何呈現？則主要是通過強調人或個體能夠進行理性選擇

---

[4] Ibid.

做為論述主軸的。古典制度主義強調行為或行動的制度或結構屬性；而行為主義革命則將「制度或結構的可能與合理性」還原到「人或個體的行為」這樣的微觀基礎上；將宏觀總體的範疇轉化還原為微觀個體的範疇，必須在宏觀與微觀、總體與個體之間，尋求一個中介連結點，這個中介連結點就是人或個體的理性選擇。

二、行為主義的論述

伴隨著這種微觀主義或個體主義的還原而來的是淡化或取消了制度的作用。古典制度主義排除或抑制「人的行為」的作用，行為主義途徑則走上了另一個極端，在實際分析中，正式制度被化約成「黑箱」（black box），或被虛級化，成為一個概括性（或形式化）的所謂「系統」，從而強調人或個體通過行為或理性選擇對這個系統的輸入（inputs）的重要性[5]，不去說明「系統」是如何將輸入實際轉化為輸出（outputs）的具體運作過程；「輸入」與「輸出」之間的關係被化約成一直線的關係。

此外，這種還原主義其實也算某種本源中心（Logocentric）論述，認為人或個體的理性選擇和行為或行動是事件、現象、制度和歷史之所以可能的根本或

---

[5] Ibid., p.14.

基礎。而從這樣的還原主義和本源中心主義的邏輯出發，要求要跨越差異性，尋求本質的同一性，於是社會科學便出現建構實際具有普遍性的假設、命題和理論的企求，從而也就宣稱可以開展所謂科學化的分析研究；因為向行為、行動和理性選擇的還原，被認為是將研究分析植基於所謂「經驗」的基礎上，從而可以讓研究分析具有「經驗」的科學意涵。

　　強調人或個體可以進行理性選擇，對於突顯人或個體的自主性，當然有其作用和意義；可是，理性選擇若做為一種能力，就算直接將其視為被給定的，也是無法說明「理性選擇是如何可能」的問題。理性選擇當然可以被視為是被給定的能力，不過，理性選擇還會涉及到「所指的」對象和目標，這些都是在時間和空間所交錯而成的具體情境中展現的；所以，理性選擇似乎不太可能以非常抽象的、甚至是真空式的方式來進行，它是在具體的情境中來進行的。人或個體本身做為一個有機體（可能還是一個系統），其行動、行為甚至是理性選擇，也許只是一種「輸出」，而具體的、有機的情境也許可以不斷對人或個體遂行種種的「輸入」，才進而導致人或個體行為或理性選擇這樣的「輸出」成為可能。

　　古典制度主義為人們留下了人或個體是鑲嵌在制度、歷史或總體之中這樣的論述遺產；而這個遺產最簡明的意涵就在於強調人或個體不是存在於（或置於）真空之中。至於行為主義革命發展的結果，特別是通過理

性選擇途徑，也爲人們留下了遺產：人或個體是可以通過理性選擇來展現自主性的。而且，行爲途徑和理性選擇途徑由於強調人或個體行爲、行動和理性選擇的重要性，從而可以進一步延伸地推導出行動、行爲和理性選擇所形成或促成的互動和網絡，使制度和結構成爲可能；亦即：行動、行爲和理性選擇所構成的互動和網絡承載了制度和結構，制度和結構依托或嵌入人或個體的行動、行爲和理性選擇所構成的互動和網絡中；這也許是行爲途徑和理性選擇途徑爲人們留下的另一個遺產。面對這些遺產，我們或許可以問以下這樣的問題：「鑲嵌在制度、歷史或總體之中的人或個體，如何能夠展現自主性？」或講得更仔細點，「如何能夠通過理性選擇展現自主性？」而這個問題可以再延伸出另一些問題：「人或個體的自主性是給定的（或是天賦的）嗎？」、「人或個體的自主性是否可以通過制度、歷史或總體來呈現（或獲得）？」、「制度、歷史或總體對個體只是單純的限制、制約和決定，還是可以賦予人或個體行動、行爲或理性選擇的可能性，使其成爲可能？」

三、對行爲主義的反思：March & Olsen的批判

　　新制度主義是對上述這些問題進行回應或回答的一種論述。新制度主義並不是對古典制度主義、行爲主義

和理性選擇途徑的簡單的否定，而應該算是一種「揚棄」；因新制度主義承繼了上述的這些遺產，並且對上述這些論述與這些遺產相關聯的諸多問題進行回答。而從行為主義和理性選擇途徑向新制度主義的轉折，James March和Johan Olsen在1984年所發表的〈新制度主義：在政治生活中的組織因素〉（The New Institutionalism: Organizational Factors in Political Life）一文扮演相當重要的促進作用[6]。James March和Johan Olsen在此文中將行為途徑和理性選擇途徑的特徵歸納成還原化約主義（reductionism）、功利主義（utilitarianism）、功能主義（functionalism）、工具主義（instrumentalism）和背景主義（contextualism）等五項；他們列舉這五項特徵，主要是幫助人們從批判的角度去看行為途徑和理性選擇，從而為新制度主義的應運而生奠下合理化的基礎。

其中還原化約主義指的就是上述有關行為途徑和理性選擇途徑向微觀主義和個體主義的還原化約；而所謂功利主義主要是突顯理性選擇途徑的特徵，James March和Johan Olsen並認為，理性選擇的基本假設是「人會追求利益（私利）的極大化」；不過，他們認為，人會追求個人價值之外的規範價值，並按照已經被定下來的制度標準來做選擇，而不只是企圖極大化個人

---

[6] March, James G. & J. P. Olsen, "The New Institutionalism: Organizational Factors in Political Life," *American Political Science Review*, 1984, vol.78: 734-749.

利益。而且，人的選擇都是面向未來的，人經常不知道未來的利益是什麼[7]。

　　從微觀主義和個體主義進行分析，所可能碰到的最棘手的問題是：人或個體的理性選擇或行動或行為，如何會保證集體或總體的和諧、穩定或平衡。而微觀分析和個體主義分析，總是或往往強調人或個體的行動、行為和理性選擇會促成均衡、統一與和諧的整體；而在作這些強調的同時，卻又往往忽略掉集體行動的困境或「搭便車」的問題；在現實世界中，人或個體的行動、行為或理性選擇，可能導致集體或總體的崩解或其內部的衝突抗爭或對立。March和Olsen前述所謂的功能主義，就是指行為途徑和理性選擇途徑，對於人或個體的行動、行為和理性選擇會促成集體或總體的均衡或和諧的期待和論述；這種期待和論述一方面也因此往往將論述導向某種保守主義的方向。從「自由主義」色彩伊始，可是卻往往以「保守主義」告終，這或許可算是行為途徑和理性選擇途徑的內在弔詭之處。其實，當行為途徑和理性選擇途徑最後必須面對人或個體的行動、行為和理性選擇如何促成集體或總體均衡時，整個論述似乎就必須從利益極大化的原則挪放出來，向行動、行為和選擇的正當性和適切性轉折。這是行為途徑和理性選擇途徑必須面對，但卻一直不願或沒有能力面對的問題。

---

[7] Peters, B. Guy, opcit., p.16.

　　至於March和Olsen上述所講的工具主義，主要指行為途徑和理性選擇途徑的分析論述，到頭來很容易強調結果至上，讓結果重於過程或其他重要的社會政治價值，從而不重視行動、行為或選擇是否合乎價值判斷（或是否正當）；亦即人或個體似乎是可以不擇手段；人或個體彼此互為手段、工具，從而使人或個體的生活或現實情境都可以被工具化。

　　至於March和Olsen所指的背景主義，相對於此較難理解。而其主要著眼點，首在突顯行為途徑和理性選擇途徑強調人或個體的行為、行動和理性選擇所形成的互動或網絡承載，促成或建構了制度或結構。亦即，March和Olsen企圖想通過上述這個範疇，突顯行為途徑和理性選擇途徑對於「制度主義沒有給人或個體的行為、行動和選擇以及因此所形成的互動和網絡」的批判和反動。而這也就是說，雖然行為途徑和理性選擇途徑相對於古典制度主義經常互為極端，但是，卻可以予人啟發：制度或結構是依托在人或個體的行動、行為和理性選擇，從而也嵌入在其所促成的互動和網絡中的。

　　通過行為途徑和理性選擇途徑論述的建構，人或個體的行為、行動與有意識的目標或自我利益的追求連結在一起，特殊展現在有效的自我利益的追求中，人或個體的行為或行動也被導向利益屬性的方向。然而，這就相對忽略了人或個體的行為、行動和理性選擇也經常與追求正當性意義連結在一起的現實。此外，就算人或個

體能追求自我利益，也不見得能極大化或最優化利益，在現實世界中，處處可見「理性的有限」的例證。更何況，人是一種活生生的具有對象性的存在，人的理性的展現不可能是在抽離「對象性介面」的情況下來運作。

　　更引人批評的是，行為途徑和理性選擇途徑由於基本上將人或個體抽離社會脈絡（social context），限定「人或個體做為理性的行動者」，認為人或個體是可以自發的形成偏好、利益和目標；把「偏好、利益和目標的發生」和「天賦或給定的理性能力」連結在一起，但過度強調個人或個體的微觀分析，從而忽略了偏好、利益和目標往往是在人或行動者的現實行動實踐中被不斷界定、形塑和建構的；因此，偏好、利益和目標其實是經常處在不穩定、變化甚至是前後不一致的狀態中的。

　　在一方面，或許是人或個體的理性能力賦予行動的可能性和有效性；但是在另一方面，也許是人或個體的行動實踐去界定、形塑和建構所謂的理性能力。人或行動者的理性是有限的或是受限制的；人或行動體的存在是一種「情境式（situational）的存在」；人是在情境約束下進行理性選擇的；情境和理性互為條件，並且相互使對方成為可能。包括制度在內的情境是人或個體在進行理性選擇時，用以評估他們的潛在策略以及選擇他們的行動的主要依據。[8]理性選擇制度主義是在上述這樣

---

[8] 胡榮，理性選擇與制度實施：中國農村村民社會選舉的主要研究，上海：遠東出版社，2001年，頁42。

的思考邏輯的導引下應運而生並且發展的。

四、新制度主義：三種不同典範的論述——理性選擇制度主義、歷史制度主義、社會學制度主義

　　就理性選擇制度主義看來，雖可以承繼制度對人或個體追求自利行為或行動的制約，但同時必須強調制度對人或行動體而言，只是一種策略性的背景（strategic context）[9]；而如果把這兩個面向組合起來看，理性選擇制度主義主要是承認並且認識到，策略是被形塑出來的，而不只是天賦的理性能力的結果。不過，理性選擇制度主義把偏好、利益甚至目標的形成問題放入括號中，基本上並不研究它們「到底是如何形成」，以及「形成的過程」。對理性選擇制度主義而言，偏好、利益甚至目標的形成似乎是依托著天賦的理性能力並以一種被給定的方式而出現的。如此一來，理性選擇制度主義似乎把人或個體的生物能力的表現加以割裂，承認了策略選擇的被制約性，但卻不願承認偏好、利益和目標的形成也同樣是被制約的。理性選擇制度主義仍然認為人或個體可以通過仔細考慮各種可能性從而進行選擇，以

---

[9] Steinmo, Sven, Kathleen Thelen & Frank Longstreth, *Structuring Politics: Historical Institutionalism in Comparative Analysis*, NY: Cambridge University Press, 1992.

期能爲自己帶來最大的利益；亦即，期待人或個體可以通過策略選擇來達到最大化利益。換句話說，理性選擇制度主義承認制度可以影響、制約人或個體，但是這種影響和制約是可以被標記出來的，人或個體與制度的關係是一種計算的關係[10]，制度對人或個體而言，主要是提供策略選擇上有用的信息。

理性選擇制度主義承認人或行動體是情境式的存在；只不過，情境是做爲策略選擇的背景而已；亦即，理性選擇制度主義不願承認人或個體是歷史的存在或社會的存在（social being）。而歷史制度主義和社會學制度主義，似乎才願意承認制度是社會的、歷史的，從而也承認人是社會的、歷史的存在。

歷史制度主義認爲，制度不只是做爲人或行動體的策略選擇背景而已，制度更嵌入在歷史之中；亦即，與其說人以制度做爲策略選擇的背景，倒不如說人以歷史做爲策略選擇的背景；歷史制度主義並不取消人或個體在制度和歷史中進行策略選擇的可能性；但制度和歷史不只是做爲人或個體的策略背景而已，它們更是人或個體的偏好、利益和目標形成的背景。亦即，不只人或個體的策略是被制度或歷史所制約和形塑，連偏好、利益和目標都會被制度和歷史所制約和形塑。即偏好、利益和目標不是依據天賦的理性能力而延伸形成的，而是人或個體在制度和歷史中行動實踐過程中形成的。

---

[10] 胡榮，前揭書，頁35。

　　歷史制度主義不取消「人或個體」與「制度和歷史」間的算計關係；但是，這種算計關係是依托在人或個體做為一種歷史存在而成為可能的，是在歷史以及嵌入在歷史中的制度建構偏好、利益和目標的過程中來展現和進行的。對歷史制度主義而言，制度是人或個體展現其做為歷史存在的一種介面或場域。

　　人或個體不是什麼都能知道的理性的利益極大化者，而只是受制度、規範以及歷史趨力制約的（追隨制度、規範和歷史的）知足者（satisficer）[11]。而人或個體在制度、規範以及歷史的制約下尋求滿足，這並不是利益極大化的過程，而人或個體可能同時反過來制約制度、規範，從而也就進一步創造、形塑和建構了歷史。歷史是人或個體通過制度或規範進行行動實踐下的結果，但人或個體同時也活在歷史之中受其制約影響；亦即歷史以及嵌入在歷史中的制度、規範依人或個體的「理性選擇或主體能動的追求」而成為可能，而不只是單純的制約或限制。「做為歷史制度分析的核心的制度——從政黨體系到企業組織這類經濟利益的結構——能夠以重要的方式形塑和限制政治策略，但它們本身也是精緻的政治策略、政治衝突和選擇（有意識和無意識的）結果。」[12]對歷史制度主義而言，人或個體既是客體也是主體，他們既受歷史以及嵌入在歷史中的制度的制

---

[11] Steinmo, Sven, Kathleen Thelen & Frank Longstreth, opcit., pp.8-9.
[12] Ibid., p.10.

約，但同時又可以在這種制約下去創造、形塑和建構制度和歷史。

理性選擇制度主義雖然承認制度可以做爲策略背景而存在，但是其方法論還是個體主義的，制度是從屬在人或個體的策略選擇之下而存在的。歷史制度主義強調歷史和嵌入在歷史中的制度對人或個體的制約和影響，因此，歷史制度主義的方法論當然是向整體主義傾斜的；但是，它又沒有取消人或個體的策略選擇的可能性，似乎又想在整體主義和個體主義之間找到平衡，企圖跨越整體主義和個體主義間的二元對立的關係。

此外，歷史制度主義並不希望讓自己掉入古典制度主義的國家主義或正式主義的泥淖中，從而傾向於將制度定義爲不只是包括正式的組織也包括非正式的規則和過程[13]。而人或個體在如此廣義的「制度」制約下，不只是在問「人或個體能如何最大化利益？」，而且也在問「如何符合制度的要求，從而讓自己能夠感覺滿意或滿足？」

對理性選擇制度主義而言，制度做爲策略背景之所以可能，是因爲制度首先是人或個體爲了增加他們的利益以及達成他們的目標的理性選擇和行動的結果，然後它才同時成爲人或個體策略行動的背景，並且在人或個體的策略行動中被維繫或被改變。而對歷史制度主義而

---

[13] Ibid., p.2.

言，制度對人或個體，不只做為策略背景，更是做為一種生活和歷史的背景，因為人或個體的偏好是由制度形塑而成的，而選擇或行動的結果，更是由各種群體、利益、觀念以及制度結構相互作用下的產物[14]；這些結果反過來會制約制度，從而也創造了歷史的內容。

在理性選擇制度主義論述中，制度做為一個理性或策略性的範疇；而在歷史制度主義論述中，制度首先是做為一個歷史現象或範疇，然後才會做為一個理性或策略性的範疇；制度不是在真空中或只是在人的理性光環中運作，制度是在歷史中運作。

社會學制度主義則強調，制度是在更大範圍的社會結構中運作，制度是做為一個社會現象或範疇而存在。人的選擇和行動不只是制度制約下的結果，而且是更為廣泛的架構制約下的產物。對社會學制度主義而言，「被我們所分析的行為和制度是如此受正在進行中的社會關係的制約，以致於把它們說成是獨立的是極大的錯誤。」[15]不只是制度做為一個社會現象或範疇而存在，人或個體同樣也是做為一個社會現象或範疇而存在。制度不只是限定什麼是「可能的」、「可疑的」，而且也界定了偏好和利益；而制度對人或個體如此這般的制約，是通過正在進行中的社會關係做為中介的；制度是人做

---

[14] 胡榮，前揭書，頁36-37。

[15] Granovetter, Mark & Richard Swedberg, *The Sociology of Economic Life,* Westview Press, 1992, p.53.

爲（或體現爲）社會存在（social being）的一個場域；抽掉正在進行的社會關係，去強調制度對人或個體的制約，這是非常抽象而且是錯誤的；正在進行的社會關係承載了制度，然後從而也承載了人或個體。

人或個體不只是理性的自利追求者或是單子式（atomized）的存在，而如上述是一種社會存在。因此，就社會學制度主義來看，我們不能從Thomas Hobbes的「自然狀態」（state of nature）或John Rawls的「始初狀態」（original position）的設定出發來論人或個體的行動或選擇如何可能；而在另一方面，我們也不能從絕對的結構決定論的角度，取消了人或個體的行動或選擇的自主空間。不過，社會學制度主義由於強調正在進行的社會關係對人或個體的影響，往往不留神或不小心就會滑向結構決定論的漩渦之中。

不管是理性選擇制度主義或是歷史制度主義亦或是社會學制度主義，其論述的基礎都是奠立在一套人學上；從「人如何成爲人」，或是「做爲理性的存在者」或「做爲歷史的或社會的存在者」出發，去談「制度爲何物」以及「人或個體如何與制度互動」。此外，它們三者都承認人的理性是有限的，有條件的或是受約束和受制約的；而對理性選擇制度主義而言，制度既是理性選擇下的產物，但同時也能彌補「理性的有限」的不足；至於對於歷史制度主義和社會學制度主義而言，制度則是人或個體展現其做爲歷史存在或社會存在的中介

或場域。

　　古典制度主義由於過度突顯正式制度的重要性，從而忽略非正式制度力量的重要性；行為途徑或理性選擇途徑雖然走上了另一個極端，忽略正式制度的重要性，但卻導引出對非正式制度力量，甚至是人或個體通過選擇和行動所促成的互動網絡的重現。其實，正式的制度力量和非正式制度的力量是相互支持，相互滲透而非二元對立的；正式制度的力量必須通過非正式制度力量來展現擴大影響力；而「正式制度外的力量」也必須依托正式制度來遂行影響力。亦即，正式制度與非正式制度之間的界線是非常模糊的，甚至是高度流動的，我們很難區隔那些是「正式制度的」或那些是「非正式制度的」。亦即，在正式制度與正在進行的社會關係之間是相互滲透的而非二元對立的，其間的關係是相當模糊甚至是高度流動的。

　　古典制度主義在強調制度對人或個體的一面倒的決定和影響時，陷入了過度結構決定論，或結構化的困境中；而行為途徑和理性選擇途徑由於強調人或個體的自主性的同時，則使人或個體成為單子式的存在，陷入低度社會化的困境中[16]。其實，過度結構化或低度社會化之間乍看之下是兩個極端，其實是一線之隔，甚至是殊途同歸，因為兩者同樣都把人或個體的存在抽象化與簡單化；不僅取消人或個體的差異性，而且把人或個體從

---

[16] Ibid., pp.54-58.

正在進行的直接的社會關係或網絡或脈絡中抽離出來。
過度結構化的人學觀是**機械式**的：只要知道人或個體被
置於什麼樣制度中或**處**於制度中的什麼位置，我們就可
以瞭解他們的**行為和行動**；制度做為一種結構影響，被
當作是一種外在力量，只要我們能瞭解人被制度影響的
方式，那麼正在進行的社會關係或網絡就變成**無關緊要**
[17]。而低度社會化的人學觀點，則是非常狹隘的：把人
或個體當成只是自利的追求者。其實不管這兩者的人學
觀點造成機械的或狹隘的，都同樣把人或個體單子化，
正在進行的社會關係或網絡對人或個體只產生附帶的、
枝節的（peripheral）影響而已[18]。在某種意義上，**新制
度主義**中（不管是**理性選擇制度主義、歷史制度主義**或
社會學制度主義），都帶有企圖**避免**上述隱藏在過度結
構化和低度社會化觀點中的「單子化」論述困境的意
涵。

---

[17] Ibid., p.57.

[18] Ibid., p.56.

第二章

做為生活世界的關係網絡：
效益、效率與正當性問題

一、社會化的兩種極端

　　理性選擇途徑和行為途徑從個體主義方法論出發，基本上避開集體行動所可能面臨的諸如「搭便車」或所謂「囚徒困境」這類的困難問題；轉而強調或設定人或個體在追求自利時，會自然促成或實現集體均衡的和諧或利益。這是一種非常樸素的功能主義的論述，同時也具有相當程度的自由主義色彩；此外，這種論述基本上可以要求避免「權威」問題的介入，也再度體現了自由主義的精神；而這樣也就促使理性選擇途徑和行為途徑一直對人們具有相當程度的吸引力。

　　雖然，長期以來社會學一直存在著要求從社會結構面進行分析的傳統；但結構分析對人而言，卻經常是一種巨大的負擔和壓力，並且經常考驗人的理性能力；因此，長期以來的結構分析也經常通過相當程度的化約，從假設人或個體會內化或受制約或被決定，來反證社會結構甚至是制度規範的存在。這種分析途徑被Mark Grenovetter稱為過度社會化（oversocialized），[19]這種分析經常陷入結構決定論、制度決定論或規範決定論中，呈現相當程度的機械式的分析特徵。這樣的分析，往往會不自覺得陷入套套邏輯（tautology）的循環論證的困境中，讓結果反身變成原因。而且，這樣的分析其實是

---

[19] Granovetter, Mark & Richard Swedberg, *The Sociology of Economic Life,* Westview Press, 1992, pp.54-58.

把結構、制度或規範當作是一種前提、預設或是隱喻，從而把人或個體也加以抽象化，變成是反應結構、制度或規範存在的工具或手段。

　　理性選擇途徑為了克服由於個體主義方法論的制約所延伸出來的「把人或個體過度單子化」的問題，從而也逐步發展出「兩人對奕」或「三人對奕」的諸多博奕理論；這樣的發展顯示出對個體主義的某種設定的「突破」，不再從「單一的人或個體從事理性選擇」出發分析。但如果進一步追究下去，我們可以發現，不管是「兩人對奕」或「三人對奕」，仍然還是跳不出個體主義窠臼，因為這樣的分析仍然會強調以「兩人對奕」或「三人對奕」為基本分析單位；分析單位只不過從單一的個體變成兩個或三個個體；而且通過抽象化的過程，不管是兩個或三個個體或人，還是要變成「單一」的個體。所以不論是以單一個、或兩個、或三個個人或個體做為分析單位，終究還是擺脫不了低度社會化（under-socialized）的困境[20]。

　　而要從長期以來所謂結構分析的過度社會化以及個體主義方法論的低度社會化的困境轉移出來，就出現了所謂網絡分析途徑。這種分析途徑把具體的關係或網絡當成是基本的分析單位。這種分析途徑可以把結構表述為一幅網絡或關係，其中包括許多節點（nodes）。這些

---

[20] Ibid., p.58..

節點可以是個人、家庭、團體、社會或國家等等——以及許多連帶（ties），這些連帶表述了節點間的被建構的關係。而這些連帶形塑了所謂社會結構；在這個結構中較低層次的網絡是更大範圍的網絡的節點，而反過來說，更大範圍網絡是「網絡的網絡」（networks of networks）[21]。

二、網絡分析與理性選擇的辯證

網絡分析所強調的重點是現實世界包含了許多的網絡，而不只是「人或個體」或「由人或個體所組成的團體」；網絡所呈現的屬性、狀態永遠比所謂人或個體的總合還要複雜。人或個體鑲嵌在網絡之中，並且通過其在網絡中的位置來表現行為或行動；當然，人或個體的行為或行動會導致網絡的變動，但從而又使人或個體繼續鑲嵌在變動後的網絡中而具有其新的位置。

通過上述這樣的角度，網絡分析不只可以和傳統的結構分析連結起來，並且相當程度的克服傳統結構分析的過度社會化的問題；而在另一方面，也可以和理性選擇途徑連結起來，讓人或個體鑲嵌在網絡中的同時，仍然可以進行理性選擇，從而保持人或個體的一定程度的

---

[21] Wellman, Barry & S. D. Berkowitz, *Social Structure A Network Approach*, Cambridge University Press, 1988, pp.3-5, 16.

自主性。

　　在與傳統的結構分析的連結方面，我們可以這麼說，人或個體與其說立即直接的鑲嵌在制度、規範和結構中，倒不如說是通過鑲嵌，在具體的網絡中嵌入制度、規範和結構。制度、規範和結構通過網絡來制約、影響人或個體，網絡是制度、規範和結構與人或個體進行制約與理性選擇的競合的場域。就如前述，長期以來的結構分析往往從機械式的觀點，從所謂人或個體所屬的結構位置來單線式地推論人或個體的可能的行為或行動的表現，這不只忽略或取消了個體的差異性問題，而且也漠視現實或當下存在的「人或個體所涉及的網絡」的角色和作用；認識到網絡是制度、規範和結構與人或個體進行制約與理性選擇的競合的場域，才能正視網絡的角色作用以及人或個體在制度、規範和結構制約下的可能的個別差異性問題。

　　在與理性選擇途徑的連結方面，我們可以這麼說，網絡至少是人或個體進行理性選擇的策略背景；或者可以進一步強調網絡是人或個體現實存在之所繫，亦即網絡讓理性選擇成為可能：人或個體是網絡的存在從而也是情境的存在，人或個體所進行的理性選擇是網絡式的或情境式的選擇；網絡情境可以讓人或個體知道其能進行的理性選擇的範圍和方向，甚至可以讓人或個體知道其只能在網絡情境中做一個知足者，而不可能做一個可以追求利益極大化的無限理性者。

　　如果特別強調網絡可以做爲人或個體理性選擇的策略背景，往往會發展成將網絡當作是人或個體理性選擇經營下的產物，立即直接把網絡當作是理性選擇的策略目標，從而也把網絡當作人或個體進行理性選擇的籌碼或條件；如此一來，網絡直接可以成爲人或個體利之所在或利之標的，或者成爲追求利益的籌碼和條件。

　　既然網絡分析不只可以和傳統的結構分析連結在一起，也可以和理性選擇途徑連結在一起；那麼從這裡可能會延伸出一個問題：「理性選擇」、「網絡」、「結構（制度、規範）」如何能夠連成一氣。而就如上述，理性選擇途徑經常告訴我們，人或個體追求自利，會自然促成集體或總體的和諧、均衡或利益，從而促使集體或總體能持續存在發展下去。這樣的觀點如果被拿來對照現實來看，往往就不具有太大的說服力，因爲我們經常看到人或個體的自利追求，導致集體的利益受損，或集體內部的衝突鬥爭，甚至崩解。人不只會追求自利，而且會投機或相互欺騙，理性選擇途徑如果只認定人或個體追求自利就可以導致集體或總體的和諧、均衡或利益，那似乎就認定人或個體的自利都是文明而且文雅的，並且是排除暴力和欺騙的。不過，在現實生活中，人或個體都是在「爾虞我詐」中進行理性選擇，理性選擇經常變成「爾虞我詐」的遁詞，在「理性」的大旗下，經常造成相互的傷害或欺騙。

　　顯然，人或個體的理性選擇不能自律的導致不會造

成對別人的傷害和欺騙。於是他律的思考途徑應運而生，制度和規範的必要性就躍上人們的思考論述中，並且被賦予某種合理性的色彩和意涵。制度和規範被認爲可以使人或個體進行理性選擇從而行動和行爲時，不會去傷害和欺騙別人。而通過這種思考邏輯所形成的論述就非常有趣：人或個體在相互競爭的場域中，可以通過內化制度規則和規範，以保證個體彼此間的「有秩序的交易和互動」。這種論述是以單子化的人或個體爲基礎，並從低度社會化的角度出發，但卻導出一個過度社會化的結論，認爲單子化的個體可以（全然的）內化制度規則和規範以保證彼此有制度的交易和互動[22]。新制度經濟學甚至一般的理性選擇制度主義都是依據如此的邏輯來回答上述的問題；並且認爲制度和規範的存在就是使他人的行動是可以預期的，制度甚至可以對「不能預期的行爲和行動」施加懲罰。制度和規範的存在，除了做爲人或個體的理性選擇的策略背景外，就是要扮演好完善鞏固人或個體的理性選擇的進行，排除或預防相互欺騙和傷害。制度和規範爲了就是確保理性選擇的合理性，於是，制度和規範是附屬在人或個體的理性選擇之下。上述這樣的回答忽略一個嚴肅的問題：既然制度和規範是做爲人或個體的理性選擇的策略背景，或者是「附屬在理性選擇之下」，那麼人或個體就有可能同樣在「理性」的大旗下，發展出某些方式或想出方法，去規

---

[22] Granovetter, Mark & Richard Swedberg, opcit., pp.59-60.

避制度和規範對他們的約束，甚至利用制度和規範只約束別人或傷害別人[23]。

　　從上述的思路延伸來看，制度和規範的存在和建立，爲的是讓人或個體相信「我在做理性選擇時，不會傷害別人而別人也不會傷害我」；亦即制度和規範是可以通過建立信任機制來防止人或個體在做理性選擇並且行動時是可以不會相互傷害和欺騙對方。而就算我們不從上述的思路來想，光從一般的素樸的想法出發，也同樣的可以認爲，確立信任機制可以防止人或個體，在做理性選擇並且行動時，可以不會相互傷害和欺騙對方。於是，更具有普遍化意義的（道德）規範的必要性和重要性就可以更被強調。當然，我們在現實世界或人類歷史中，看到許多具普遍化意義的規範的存在，並且曾經（或正在）發揮巨大的規範制約作用；此外，我們也可以認爲，信任機制或某種程度的信任感的建立是必須的，否則光靠制度安排是無法防止彼此的傷害、欺騙或甚至是暴力相向的。不過，因爲強調信任（trust）的重要性和必要性，從而要求更具普遍性意義的規範存在和建立的重要性和必要性，往往會讓我們又不自覺地掉入過度社會化的思考困境中。

　　而且，如果因爲這種對更具普遍化意義的規範存在和建立的要求，而把規範看成是可以先天被給定的，這並無法回答「規範是如何可能產生」的問題。此外，從

---

[23] Ibid., p.60.

上述的思考邏輯來看，不管是更具普遍化的規範或信任，如果只是做為完善鞏固「理性選擇」，從而如同上述是從屬在理性選擇之下，那麼人或個體經常可以在「合理性」做為遁詞的情況下，迴避規範和信任的約束，或者利用信任來造成更深的傷害和欺騙；在現實世界中，信任程度越高或越多，往往更容易使傷害和欺騙得逞。

就算先不追究「制度、規範和信任如何可能建立或確立」，我們也必須認識到，制度、規範和信任的建立或確立並不能保證防止傷害和欺騙；因為，其中的一個重要原因是，人或個體往往可以用合理性做為遁詞，來利用制度、規範和信任；而且，在現實生活世界中，人或個體往往因為自己的位置的差異，對於被宣稱已經廣為被接受的制度、規範或已經存在的信任關係，做出不同的理解、解釋和運用。

所謂合理性，應該是有層次地差別的。人或個體的合理性運作是以他最立即直接的生活情境做為基礎，然後再不斷的擴延出去。而因人或個體立即直接的生活情境，基本上就是他直接所鑲嵌入的關係網絡；不管是制度、規範或信任機制都是通過這些林林總總的人或個體所直接鑲嵌入的關係網絡做為載體（matrix）來發生作用的，而人或個體反過來也是通過這個載體去面對制度、規範或信任機制。這些林林總總的關係網絡是「人或個體」和「制度、規範和信任關係」進行競合的場

域。不同的**關係網絡**會對人或個體產生不同的制約和約
束，使得他們會在乍看之下同一個制度、規範和信任機
制的制約下有不同的**選擇和行為表現**。

　　當然，這並不是說，人或個體所直接**鑲嵌**入的「關
係網絡」可以替代「制度、規範或信任機制」，而是
說，抽掉了**關係網絡**，制度、規範或信任機制對人或個
體而言，其實更只是**抽象的存在**。而且，活生生的**關係
網絡**是促成現實生活中信任的重要支柱；說的具體點，
活生生的關係網絡是信任形成或運作的**必要的條件**（雖
然不是充分條件）。我們可以這麼說，是活生生的**關係
網絡**以及其所承載（或也直接**鑲嵌**在關係網絡中）的制
度、規範和信任機制，共同對人或個體進行制約和影
響。此外，或許必須特別強調的是，活生生的關係網絡
和制度、規範或信任機制之間是一種**互為鑲嵌**的關係。
抽離了制度、規範或信任機制，活生生的關係網絡可能
將無以爲繼；而反過來，如果**抽離**了活生生的關係網
絡，那麼就如上述，制度、規範或信任機制將失去存在
的基礎或意義以及發揮作用和影響的可能性。

　　活生生的**關係網絡**當然不會保證（也不能夠）防止
欺騙和傷害，但對包括欺騙在內的傷害行爲的懲罰，如
果能通過活生生的**關係網絡**來進行，將可能是最爲**直接
有效**。而且，以活生生的**關係網絡**做爲載體或中介，人
或個體的**理性選擇**和制度規範或信任機制之間，就如上
述進行競合，使人或個體的現實生活就可以不只追求效

益，而且還可以追求所指的正當性；活生生的**關係網絡**對人或個體而言，最大的意義在於，或許可以使得合理性也能涵蓋正當性，或者是以追求正當性做為追求有效性的基礎。

三、市場與計畫的辯證

活生生的**關係網絡**是人或個體的生活世界（life world）。在生活世界中，當社會當然可以進行特殊選擇，但生活世界畢竟不是**完全競爭的市場**；在生活世界中，人或個體當然會受社會制度、規範或信任機制的制約影響，甚至會內化到制度、規範或信任機制，但生活世界畢竟不是這麼一致化或一體化的世界。生活世界不是低度社會化或過度社會化的人**學**觀點所能完全解釋的，因爲在現實的生活世界中，人或個體對自制的追求和對制度、規範或信任機制的內化是辯證的、相互滲透、相互支撐的連接在一起的，中間的界線是非常**模糊**的，而且經常是相互流動的，就等同彼此有時可以相互替代；但是，卻不可能完全的、徹底的取消或替代對方。

把人或個體的生活世界完全市場化，或完全制度化、規範化，同樣都是**不切實際**，都是對生活世界的嚴重的化約。生活世界所要求的是**市場和制度或規範的相互滲透與相互支撐**；而市場和制度或規範的相互滲透與

相互支撐，反過來又支撐了生活世界。市場和制度或規範都是通過生活世界從而也是活生生的關係網絡來運作，並具體化其功能和作用的，亦即，在某種意義上，「市場和制度或規範」與「生活世界」是「一體的兩面」，市場和制度或規範一方面鑲嵌依附在生活世界中；另一方面市場和制度或規範可呈現生活世界的面貌或內涵。在現實生活世界中，制度、規範甚至是關係網絡對人或個體形成巨大的制約力，但是人或個體在「要過日子」或「會過日子」的生活特性導引下，經常會用一種符合這種制約的方法來保持或改變自己的生活境遇；這其中體現了「人或個體的理性選擇」的成份，進而擺脫了「宿命」的困境[24]。反過來，就算人或個體真的被拋入「完全競爭或甚至秩序蕩然、制度規範崩解的境遇」中，人或個體自然可以透過某種形式的關係網絡做為基礎，確立某種防護機制來讓自己過下去或活下去。這種活生生的生活特性，不是「強調利益極大化的一般理性選擇途徑」或「強調內化制度或規範的一般結構分析」所能掌握和解釋的。

在以個體主義為基礎的自由主義發展的影響下，就如前述，長期以來人們期待或相信可以存在完全競爭的市場，或甚至可以完全取消權威。讓市場機制去主導人或個體的經濟生活，甚至是社會生活或日常生活世界。而反過來，伴隨著社會主義思潮的發展以及社會主義實

---

[24] 楊念群、黃興濤、毛丹主編，新史學（下），多學科對話的圖景，北京：中國人民大學出版社，2003年，頁517-518。

踐的開展，人們也曾經相信「計畫可以替代市場」。亦
即，人們曾經把市場和計畫絕對化，認為可以相互取消
對方或替代對方。

　　但在現實世界中，我們可以發現，市場是通過人際
間（或相關各造）的社會網絡動員資源建構而成的；亦
即，市場是鑲嵌在關係網絡之中；同樣地，計畫、制度
或規範也是通過社會網絡動員資源建構而成的，它們不
是什麼偉人或社會結構所促成的[25]。亦即，市場並不是
純然由所謂「看不見的手」所創造的，從這個向度來
看，就如Oliver E. Williamson在《市場與等級》（*Market
and Hierarchies : Analysis And Antitrust Implications*）一
書中所說的，市場是一種小數（Small-numbers）現象
[26]，不等同古典自由主義經濟學或制度自由主義經濟學
都設定或傾向認定可以存在「完全競爭市場」。這樣的
市場是一種「大數現象」；而這種理想型態的市場在現
實世界並不存在，往往只能做為論述上推論的前提或隱
喻。

　　Williamson除了從關係網絡為市場作了不同於自由
主義經濟學的定義外，更從現實主義的角度，將市場視
為「特定關係網絡中相關各造為了實現或運作交易的一
個手段或選項」。市場不再做為「載體」而存在，而是

---

[25] Granovetter, Mark & Richard Swedberg, opcit., pp.18-19.

[26] Williamson, O. E., *Markets and Hierarchies: Analysis and Antitrust Implications,*
NY: The Free Press.1975, pp.9-10, 26-30.

關係網絡中的相關各造為了實現交易、考慮交易的成本效益所造出的選擇。如果關係網絡中的相關各造認為市場不符合實現交易的成本效益考慮，就可能可以選擇透過組織面、制度或其他等級機制。「市場和組織之間不是一個孰優孰劣的問題，它們的優勢和弱點在一定條件下相互轉化。」[27]

　　我們經常認為計畫、組織、制度或其他等級機制的存在和確立，是為了完善實現甚至鞏固市場；但是，反過來，市場也經常被用來完善實現計畫、組織或其他等級機制的功能。亦即，我們必須跳脫本質主義式的思維，不必再將市場或計畫「本質化」，不必再將其當成經濟或人們現實生活的母體或載體。市場或計畫是關係網絡相關各造為了實現交易、考慮成本效益的選項。而如果連結上述的論述來看，市場或計畫是人或個體為了過日子或現實生活、為實現某個目標或做某件事，而考慮成本效益的選項。市場或計畫鑲嵌在人或個體的生活世界中，從而也就鑲嵌在關係網絡中，抽離生活世界或關係網絡，不管是市場或計畫都是抽象的。而且，從關係網絡或生活世界出發，市場和計畫之間的界線經常是非常模糊的，甚至是相互滲透的。說通俗點的話，可以視為市場和計畫相互混合；若說詳細一點的話，也可以視為「市場中有計畫，計畫中有市場」。

---

[27] 周雪光，組織社會學十講，北京：社會科學文獻出版社，2003年，頁37。

四、效率、效益與正當性的辯證

　　人們經常以爲「理性是有限的」，從而期待「建立制度、計畫或組織」來彌補理性有限之不足；從而對制度賦予過度的理想性色彩，甚至不願見到或承認制度、計畫或組織失敗的事實。制度、計畫或組織的確立，仍然不會改變「理性是有限」的現實；但是卻往往可以提供「效率或效益之外」的正當性基礎，可以正當性賦予彌補效率或效益之有限或不足。其實在現實世界中，對效率或效益的考慮，往往是通過「是否正當或適當」的角度來進行的。制度、計畫或組織的成功或失敗，主要視其能否提供人或個體進行理性選擇或關係網絡操作其背後的正當性基礎。亦即，不能直接從「能否提升或增進效率」來評估制度、計畫或組織的成功或失敗；如果從「彌補理性有限之不足」的角度來看，由於「理性之有限性」是可以無限延伸的，它不可能被克服，那麼這就註定制度、計畫或組織幾乎必然都會失敗。理性有限的問題，可能必須靠正當性基礎的建立或鞏固來加以轉移或化解；所以效率或效益也可以是一種規範性的範疇或現象，而理性選擇當然也可以被轉移成一種規範性的過程。

　　其實，在現實世界中，對效率或效益的強調經常是爲了論證人或個體的理性選擇，關係網絡或制度、計畫或組織的正當性。Williamson認爲「理性的有限」、「經

濟生活或社會生活或生活世界的錯綜複雜不確定性
（uncertainty）」、「人的投機性行爲」以及「小數現象」
等是促成市場失敗的原因。不過，上述這四種因素不會
單獨地促成市場失敗，必須「有限理性」和「錯綜複雜
不確定性」相結合，或「投機行爲」和「小數現象」相
結合，才會導致市場失敗[28]。若從這個角度觀之，要保
證市場不會失敗，其實就必須消除「不確定性」或「投
機行爲」；而這又可以進一步據此要求建立制度、規
範、計畫或組織；通過制度、規範、計畫或組織來保證
市場不會失敗，「有效市場的建立」必須通過規範性機
制建構的基礎上，市場是通過規範性機制的建構而成爲
可能的；若連結上面的論述，我們可以說，市場與效率
和效益是規範性建構下的產物，它的評估標準或基礎，
基本上是規範性的。而反過來，有關「規範性的正當性」
的論述，也常常必須通過「效率和效益的強調」做爲基
礎；亦即，「正當性的強調」和「效率或效益的強調」
之間是可以相互「循環論證」的，彼此可以互爲條件，
互相保證。所以，正當性可以被轉化成量化式的效益或
效率，成爲一種數字或量化現象。

　　若進一步深究下去，「正當性」和「效益或效率」
之間的界限是非常模糊的，而且經常是流動的，甚至有
時彼此會形成「循環論證」或「套套邏輯」的關係。
「正當性」和「效益或效率」之間不是「孰重要孰不重

---

[28] 周雪光，前揭書，頁36-37；Williamson, O. E., opcit., pp.4-7, 9-10, 21-26.

要」的問題，它們的優勢和弱點在一定條件下相互轉化。而如果順著「交易成本論述邏輯」或前述的「生活理性」角度觀之，它們是人或個體爲了「實現交易」或「過日子」或「過下去」，所進行成本效益考量下的選項；在相對的條件下，它們可以彼此代替，但不能完全替代或取消對方。

在現實世界中，我們經常在討論「缺乏效率或效益」的問題，而對於這樣問題的解決，往往是以「如何提升或增進效率或效益」來做爲因應。「缺乏效率或效益」成爲一種口頭禪，或甚至變成一種可以無限延伸續存的現象；而「提升或增進效率或效益」也相應地成爲一種口頭禪，或甚至也變成一種可以無限延伸續存的現象。在另一方面，我們經常在評估或限定既有的制度、組織、計畫或規範無法提供正當性基礎時，我們會通過所謂「修正、改良或甚至另外創立」制度、組織、計畫或規範來做爲因應，而其實無法解決「缺乏正當性」的問題，甚至在所謂「修正、改良或創新」之後，「制度、組織、計畫或規範」就被束之高閣。效益或效率並不是一種客觀的現象或範疇，它是相關各造通過關係網絡動員資源建構下的產物；同樣地，正當性也不是「純粹應然的」或「天經地義的」範疇或判準，它也是相關各造通過關係網絡動員資源建構下的產物。

「效益、效率的要求」或「正當性的期待」，都可算是理性運作的表現；我們不能說是「有效益、效率的要

求」是理性的，而「正當性的期待」則是非理性的。人或個體的理性運作的活潑及豐富性，也許主要就表現在讓「效益、效率的要求」能和「正當性的期待」不斷相互證成。「效益、效率」或「正當性」基本上都是情境式範疇，它們各自反映了相關各造間關係網絡中的權力、利益或相互認知期待的現實。抽離了相關各造間的關係網絡，所謂「效益、效率」或「正當性」問題都是抽象的。制度、組織、計畫或規範被相關各造的關係網絡認定為是正當的，它們就可能會提升效益和效率；而反過來，若有關提升效益或效率的方法、規則或制度被認為不具正當性，那麼這些「方法、規則或制度」往往只是會徒具形式，或甚至反而會讓有關「提升效益或效率」的問題更加治絲益棼。

其實，凡是被宣稱為「客觀的」、「合理性」的範疇，都是要做為一種判準或規範而存在的；從而也就使這些宣稱（以及相關的）所謂「客觀範疇」，具有強烈的批判性；亦即「客觀性的宣稱」往往（或甚至根本上）就是為了奠立標準規範，從而也就是為了解決正當性問題。效益或效率就算純然的被當作「客觀的範疇」，其實也改變不了它們所具有的批判、規範的屬性。而且，當它們被制度、組織視為「自然的」、「天經地義的」範疇或標的時，它們更被建構成道地的規範性的範疇或價值。就因為如此，當一個團體、組織或制度提出要「提升效益或效率」時，往往就表示其內部既存的價值規範已經出了問題，從而使其本身不再具有正當性。而

「效益或效率」做爲一種規範性的範疇，它的被提出，
反映了相關各造關係網絡中的相互認知期待的倫理問
題；而它的被落實也必須能與相關各造的關係網絡中的
倫理相適應；而且更重要的是，它必須通過關係網絡中
的一定共識或信任才會成爲可能。抽離「相關各造的關
係網絡」及「在此基礎上所形成的共識或信任」，效益
或效率是抽象的。但在這裡必須強調的是，不是「共識
或信任」使「效益或效率」成爲可能，而應該說是在相
關各造的關係網絡中的共識或信任，使「效益或效率」
成爲可能。

第三章

關係網絡的生活實踐：
習性、信任與結構洞

一、行動體與結構間的辯證

　　結構、制度、規範或計畫，對於人或個體而言，一方面當然是限制、制約，但另一方面則更是做為個體能動（empower）的載體，而且，更重要的是人或個體通過選擇、行為和行動，其實也牽動了結構、制度、規範或計畫的演變發展；所以，我們可以這麼說，「人或個體的選擇、行為和行動」，基本上也成為「結構、制度、規範或計畫」能動的載體。套句比較通俗的話來說，就是兩者之間是一種辯證的結合關係，這種關係具體的體現在當事兩造各自擁有個體性，但是有能相互滲透、相互支持、相互保證。

　　不過「結構、制度、規範」與「人或個體」之間是通過具體的關係網絡做為中介橋樑或依托，才能相互滲透和支持；這也就是說，兩者之間辯證的統合在具體的關係網絡之中，在「受制後」和「影響中」獲得能動，在「能動中」展現制約和影響，而且，通過具體的關係網絡，結構、制度、規範對人或個體的制約和影響的形式和內涵，其實都會有所差異，而人或個體通過具體的關係網絡，對於結構、制度和規範的制約和影響的認知、選擇和判斷也會有所差異，人或個體在具體的關係網絡中的位置或角色會制約、影響他「如何去認知、理解、掌握、對待結構、制度和規範」，這其中不只涉及到利益、效益、效率、權力的算計，同時也涉及到意義

的賦予和建構。

　　在關係網絡中，會涉及集體行動的問題；亦即關係網絡除了制約著人或個體外，也制約著集體行動；關係網絡既做為個體行動，也做為集體行動的載體；關係網絡是人或個體現實生活之所繫，也是生命存在的基礎。從這樣的邏輯觀之，再配合某種形式的經濟學的論述，關係網絡是可以做為人或個體的資本或資產的，人或個體通過選擇、行為或行動，不斷投入或投資關係網絡，或生產創造關係網絡，但同時又必須被生產創造出來的關係網絡所制約和承載。從一般的理性選擇的邏輯和角度觀之，我們當然可以期待或要求關係網絡可以為我們所用，以使從中獲得利益、權力或者安身立命，但是，要能如此，也必須是人或個體彼此間不會假借理性選擇「追求自利之名」而不擇手段，去欺騙傷害彼此，或導致發生諸如「囚徒困境」般的「集體行動困境」的問題；而要克服這樣的問題，當然還是必須靠關係網絡的制約力或是制度規範的約束力。當然，就如前述，「制度規範的約束力」是必須通過「關係網絡的制約力」來展現的。不過，我們可以這麼說，通過具體的關係網絡以及其所承載的制度規範是可以被期待去克服或解決「集體行動困境」的問題的。因此，不只是關係網絡，還必須包括制度、規範都可以具有「利益眾生」的效果和作用的；亦即，若再延用上述的邏輯來看，制度、規範是可以做為「人或個體」或「集體」的資本或資產的。「人或個體」或「集體」通過具體的關係網絡去承

接制度、規範或投入制度、規範中，促使制度、規範發生作用且演變發展，從而或許可以克服或解決「集體行動的困境」，以使彼此各自的生活或生命得以發展或延續。

關係網絡可以制約影響人或個體的策略選擇或承接制度、規範的方式；但是，從現實生活中，在共同的關係網絡中，人或個體的表現仍然會有差異，對於這種現象的理解，我們首先可以說，可能是在共同關係網絡中的成員或節點，他們各自都有其他的關係網絡，從而使得他們的表現也會受其他關係網絡的制約影響。其次我們可以說，就算在共同的關係網絡中，可是每個成員或節點都仍然是自利的，會從本位的「自我的立場」去進行選擇。而如果從這種「人是追求自利的」角度去進行回答，那麼就有可能說，就算被拋入或置身於具體的關係網絡中，人或個體仍然可以「孤立的」或「跳脫關係網絡的」進行選擇，這又回到前述所講的低度社會化或單子化的觀點中。

二、習性的存有與作用

人或個體在其不斷選擇、行為和行動的過程中，或套句比較通俗的話說，在其生活和生命的發展延續過程中，或許通過各自先天的稟賦因素，以及自覺或不自覺的沈澱、積累或內化一些觀念、價值或屬性，形成了或

許是Pierre Bourdieu 所謂的習性（habitus）[29]。這樣的習性影響、制約人或個體的選擇、行為和行動；當人或個體被拋入或鑲嵌在「制度、規範」或「具體的關係網絡」中，其實不是「人的理性選擇或行動力量」在進行對應，而是習性在發揮作用。習性是人或個體的「活生生的特質」，它不是非理性的，但也不是純然的可用目標導向的理性邏輯所可以理解的；它使得人們的理性選擇或行動成為可能。習性是人們的生命經驗或體驗的展現，具有其特殊性和差異性，它是無法被強求變成一致的。人或個體在進行所謂的理性選擇或行動時，其實是在按照習性的邏輯在運作開展。亦即，與其說人或個體在進行所謂的理性選擇或行動，倒不如說是在自覺或不自覺的依循習性的邏輯在進行選擇和行動。我們經常都認為其他人的選擇和行動實在無法理解或非理性，其實我們是從各自的習性邏輯去進行判斷的。

　　習性不是抽象的，它不是純然的、去社會化的、先天生命稟賦所決定的，亦即它不是被給定的；不過，就如前述，它或許也可以受某種先天生命稟賦的制約影響，但並不等於是先天的生命稟賦。通俗點或含糊點講，它或許也可以和所謂的「個性或人格」放在一起理解；不過，習性也絕不是一個純心理學的範疇或道德性的範疇，它是一種帶有社會和歷史意涵的準本體或存有

---

[29] Pierre Bourdieu & Loic JD Wacquarnt著，李猛、李康譯，實踐與反思：反思社會學導引，北京：中央編譯出版社，2004年，頁165-166。

（ontological）的範疇；亦即習性是「人的先天稟賦」和「人的社會存在」以及「歷史存在」辯證統合的結果或表現。習性使人的現實生活或生命成為可能，但它又同時受到人做為社會存在和歷史存在的現實所制約和影響。

在有關「理性」或「理性選擇」或「理性行動」論述的建構制約下，我們一直在尋求建立跨越差異性的有關理解「人」的大理論；甚至使「理性」幾乎成為本體或存有的範疇；理性被建構成「人之所以為人」的基礎或本質，幾乎成為一種被給定的生命力，甚至被抽離了與人的現實生活世界或是具體關係網絡的關係。不過，從人的現實生活世界來看，是人的習性使所謂的對利益算計或追求的理性成為可能，理性按照習性的邏輯來展現；但反過來，理性也可以為習性找到辯護的基礎，讓人們可以將其實是按照習性的邏輯所做的選擇或行動宣稱為「理性的」。

通過有關「理性」的論述建立關於「人」的大理論，會延伸出認為可以不必實質接觸、相處、互動或體會，就可以通過推測或預測人或個體的選擇和行動一定是「追利求權」；或者通過較為具體（但仍然具高度概括性質）的博奕理論，去談人或個體對「追利求權」的可能機率和途徑；但無論如何，這樣的論述都是抽象的。不管是利益、權力或避害，都不只是空泛的通稱式範疇，人或個體不只會通過所鑲嵌在其中的具體關係網

絡甚至制度範疇來界定其內涵和意義，還會通過自身的
習性來加以認知、掌握和界定。如果講細一點的話，我
們可以這麼說，是具體的關係網絡和習性共同作用，讓
人或個體可以去認知、掌握和界定利益、權力或傷害。
當然，習性的體現是不能抽離具體的關係網絡來進行，
不過，習性讓人自覺或不自覺的能夠通過具體的關係網
絡來體現自己。

　　做為準本體或存有範疇的習性，就如前述就會成為
人的生命和生活存在發展的基礎或依據；從這種角度來
看，它也許可以被視為生活理性，亦即它可以被視為讓
人或個體自覺或不自覺能夠知道如何過日子或活下去的
基礎。而要瞭解體會人或個體的習性，必須通過實際的
接觸、相處、互動才有可能；而無法透過抽離具體產生
的互動、相處的推論、推測或預測來進行。不過，習性
往往無法被人或個體自己清楚的加以瞭解，甚至有時會
以無意識的方式來支撐或承載人或個體。而個別人或個
體，對於他自己的瞭解，雖然或許可以掌握住大概的輪
廓，但經常也無法細膩的加以掌握。因此，人或個體通
過習性做為中介進行相處互動，往往只能意會而不能言
傳，甚至會呈現一種「一切盡在不言中」的狀態，如果
習性代表人或個體的生命特徵，它的微妙之處是往往超
乎語言符號所能概括的；此外，如果習性代表人或個體
的個體差異性，那麼，這種差異性也往往超乎語言符號
所能概括的；甚至，我們可以說，通過習性所呈現或代
表的個體差異性，基本上使得企圖建立實際具有科學普

遍通用性的關於「人」的大理論是不太可能的。

　　人或個體通過可以做為生活理性的習性，進入或被投入或鑲嵌在具體的關係網絡中；亦即，具體的關係網絡是通過人或個體的習性相互對應交錯從而延伸出種種的選擇行動以及互動來呈現的。習性對人或個體經常產生無意識式的制約或影響，使其會尋覓（或可能的話）創造「與習性較為相應」的關係網絡；而這樣的關係網絡相對地也就能成為人或個體的資本或資產；「與習性不相應」的關係網絡對人或個體而言，毋寧是一種限制或甚至是某種負擔。

　　制度規範或具體的關係網絡，不管是對人或個體的制約或使其能動，基本上都是在克服不確定性，讓人或個體的選擇或行動具有可預期性；而所謂的「具有可預期性」，其實就是可信任的，不管是經過功利地算計，或基於認識的瞭解，或基於感情的認同，基本上都是在確立、建立或尋求信任，然後個體的行動才會成為可能。制度規範或具體的關係網絡可以促使人與人彼此的信任；而反過來，人與人彼此的信任也可以使制度規範或具體的關係網絡能夠繼續維繫下去，從而也就可以促使人的生活世界得以獲得維繫。就如前述，如果我們說，具體的關係網絡以及由其所承接的制度規範，可以做為人的資本或資產；那麼，我們也就可以說人與人之間的信任更可以做為我們的資本或資產。但是，這並不是說，抽象的信任可以做為我們的資本或資產，而是

說，鑲嵌在具體的關係網絡和制度規範中的信任才是我們的資本或資產。

　　論述至此，我們可能就會進一步追問習性和信任之間的關係為何？習性是我們生活和生命之所以可能的準本體式的根本，亦即就如前述，它是人或個體選擇和行動之所以可能的基礎；而信任則是人或個體進行互動相處，甚至制約、影響、創造或改變具體的關係網絡的中介。習性可以使人以特有的（甚至無意識的）方式和他人建立信任；習性彼此（較能）相應的人，可能比習性彼此不相應的人之間，更容易建立信任。信任絕不是純然功利計算或認識瞭解或感情認同的結果，他還受我們習性的制約。

三、社會資本的操作意涵

　　不管是制度規範、具體的關係網絡或信任，做為人的資本或資產，都具有鮮明的社會性（共有性）或分享性，它們不是由人或個體可以獨自佔有或擁有；換句通俗點的話，他們是做為一種公共財而不是私有財而存在。抽離人與人之間具體的互動，它們就會不存在。而具體的關係網絡是吾人的社會資本（Social Capital），但它又同時做為制度規範和信任這兩種「社會資本」的基礎；抽離了具體的關係網絡，制度規範和信任要做為我們的社會資本，根本是空談。

　　在這裡我們所使用的社會資本這個範疇，不只是從工具性和功利性的角度來加以掌握，只單純的把它做為我們進行理性選擇的策略背景，而且還是從鑲嵌（embedded）的角度，把社會資本看成是人得以發展生活及延續生命的載體。傳統的或約定俗成的觀念，一談到資本，就會觸及投資和回報，工具性和功利性的意涵一直是有關「資本」的主流內涵；我們這裡所用的資本範疇當然可以包含這個意涵，但還包括了準本體論式的意義，把它視為人的生活和生命的載體。

　　理性選擇式的論述，其主要的精神或吸引人之處，在於其可以突顯人或個體的自主性。同樣地，從工具性或功利性的角度來看社會資本，主要在強調人或個體經營、投資或創造社會資本的自主性。當然，人或個體是可以投資或創造社會資本的，當在投資、創造的同時，人或個體也會受其制約，亦即同時又成為人或個體的載體，使人或個體鑲嵌在其中。

　　我們去經營、投資或創造社會資本，當然可以包含利益和權力的追求，但還更可以包含正當性和符號性意義價值的追求。社會資本不僅包括可以等化的財務和知識、技術條件，還包括信用、名聲、地位、身份或威望等。而既然社會資本是植基於具體的關係網絡中，抽離了具體的關係網絡，就沒有所謂的社會資本的存在；那麼人或個體如何鑲嵌在具體的關係網絡中經營、投資、生產或創造具體的關係網絡，就可以成為「如何擁有社

會資本」的必要條件。當然，我們可以選擇以功利或工具的角度去面對或對應關係網絡；不過這樣的途徑當然免不了會使關係網絡遭到化約或簡化；當然，這或許也蠻符合「有限理性」的現實。

Ronald S. Burt在其《結構洞：競爭的社會結構》（*Structural Hole: The Social Structure of Competition*）一書中[30]，就強調從工具性和功利性的角度去看待關係網絡，把關係網絡看成是一種「資本」，需要「投資」，各人可以通過有意識的（工具式的）理性選擇和行動去建構關係網絡[31]。

Burt 在此書的第一章中認為，在各人現實生活的競爭中基本上存在財務資本、人力資本（外貌、健康、智力、知識和技術）和社會資本（關係網絡）等三種資本。具體的關係網絡是人的生命及生存之所繫的載體，同時也可以成為人經營、投資或創造的「資本」；一般來說，古典的資本概念是貨幣、金錢等等，但在「資本」的概念延伸後，個人知識技術等等也成為可計算及交換的人力資本。從工具主義的角度來看，社會網絡是可以被規劃經營的，社會網絡的經營規劃，是可以帶來個人或組織的效益提升。其中財務資本和人力資本是人或個體的財產，而社會資本為相關各造所共同擁有，但沒有

[30] Burt, Ronald S., *Structural Hole: The Social Structure of Competition*, Cambridge: Harvard University Press ,1995.
[31] 周雪光，組織社會學十講，北京：社會科學文獻出版社，2003年，頁123-125。

人可以獨佔社會資本。而且，各人所擁有的財務和人力
資本也須通過社會資本才能轉變成實質的利潤或效益
[32]。這也就是說，抽離具體的關係網絡，財務資本和人
力資本對各人而言是抽象的，而財務資本、人力資本更
是以社會資本為介面，社會資本或具體的關係網絡是各
人實際獲得利潤、效益或競爭成功的最終保證。

四、「結構洞」的操作與探討

　　要如何有效地創造社會資本，Burt認為最重要的是
必須減少重複的「關係」，而且讓自己成為他人的信息
傳遞的橋樑，或關係連結的節點[33]。而所謂「減少重複
的關係」就是要著重和關係網絡中中心性（degree cen-
trality）很強的人或節點建立連結，然後通過與它的連
結去滲透與自己相關聯的網絡[34]；至於所謂成為其他人
的信息傳遞的橋樑或關係網絡的節點，則與所謂創造
「結構洞」（structural holes）相關聯，關係網絡的節點之
間信息無法傳遞或彼此的關係無法連結，就表示其間存
在「結構洞」，而創造「結構洞」就是讓自己成為信息
傳遞的橋樑或關係連結的節點，亦即就是讓自己去填補
「結構洞」，讓關係網絡中的節點能夠因你而獲得連結。

---

[32] Burt, Ronald S, opcit., pp.8-9.
[33] 周雪光，前揭書，頁124。
[34] Burt, Ronald S., pp20-22.

而創造「結構洞」並且讓自己成為橋樑或連結點相連結的，就是讓自己沒有「結構洞」，亦即讓做為一個節點的自己，不須通過另一個節點才能與其他節點相連結。而如果能夠在你的關係接觸中存在許多「結構洞」，但卻沒有一個附著於你，那麼我們就可以說，你在**關係網絡**中是擁有**自主性**的[35]。不過，人的選擇和行動在特定的時空條件下所能觸及的關係是非常有限的；也就是說，如果從這個角度觀之，有許多的「結構洞」是層層附著於你身上的；但是，這樣去解讀「結構洞」是**毫無意義**的；因此，解讀「結構洞」必須在可達性（reachability）和目標取向的前提下進行才有意義；亦即，必須從特定的時空條件下，個人的選擇和行動可以**觸及和滲透**的情況下來解讀「結構洞」才有意義。

　　Granovetter在網絡分殊的發展過程中扮演非常重要的角色，在他的博士論文《找工作》（*Getting a Job*）中提到了弱連帶這個概念，將關係網絡**具體化**，**關係或連帶有強弱之分**而不只是一種籠統的描述或論述[36]。**Burt**發展Granovetter的弱連帶概念並且和「結構洞」分析連結起來。而如果我們延用**強連帶和弱連帶**概念來分析「結構洞」的話，那麼我們可以說，如果兩人（造）之間有強或弱連帶的關係，這兩人（造）之間基本上是沒有「結構洞」的存在，而如果需要有**中間者**居中傳遞訊

---

[35] Ibid., pp.44-45.
[36] 周雪光，前揭書，頁119。

息或進行協調，那麼就表示（可能）存在「結構洞」，
而這表示兩人（造）之間和中介者可能都只分別維持弱
連帶關係或其中有一人（造）和中介者維持弱連帶，而
另一人（造）和中介者維持強連帶關係。我們可以用
A、B表示當事的兩人（造），而C表示中介者，那麼我
們可以圖示如下[37]：

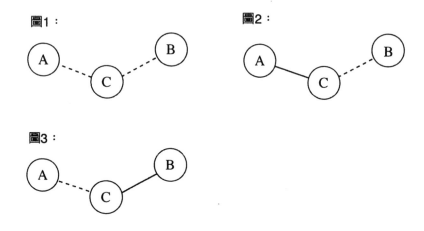

圖1：

圖2：

圖3：

　　其中實線表示強連帶關係，而虛線代表弱連帶關
係。在上述的圖示中，A、B兩人（造）通過C產生連
結，彼此無法直接連結建立強或弱連帶關係，他們之間
存在「結構洞」，而C則指扮演填補「結構洞」的角色，
亦即扮演中介者或橋樑的角色，讓A、B通過他而產生
連結。而如果A、B都分別和C建立強連帶關係，那麼
A、B之間就有可能也因此發展出強連帶關係或建立直

---

[37] Burt, Ronald S., opcit., pp.26-27。

接的關係，從而使他們之間就不再存在「結構洞」。當然，我們不能排除C分別和A、B建立強連帶關係，但是還是可以讓A、B之間不會建立直接關係的可能性。不過，這又涉及到關係網絡生態的另一層次的問題，有些派系或團體，就可能存在中心性很強的人，這個人分別和派系或團體中的成員建立縱向的連帶關係，但卻可以讓成員之間沒有或很少有橫向的連帶關係，亦即關係網絡的現實存在狀態，可能呈現「眾星拱月式」的形式。

從我們的現實生活中，我們可以容易地感受到人與人之間連帶的強弱之分，關鍵就在於如何區隔強弱。從Granovetter以來許多相關研究告訴我們，可以從認識時間的長短、情感的緊密程度、相互互動的內容等來衡量連帶的強弱[38]。而順著這種區隔邏輯延伸出來的是對關係網絡分析的量化式或模型式的發展。但是在我們的現實生活中，連帶關係強弱的劃分，其實是被轉成所謂「關係的親疏遠近」；不過強弱的界定並不是確定的，甚至是會經常出現移轉，或趨於模糊的。而且經常發生由弱轉強，或由強轉弱而出現「結構洞」的現象。

此外，不管關係網絡中成員的關係連帶是強是弱，最終要轉化為實質的選擇和行動時，還是必須通過因著關係網絡或制度規範所形成的信任做為中介才有可能實現。

---

[38] 羅家德，NQ風暴：關係管理的智慧，北京：社會科學文獻出版社，2002年，頁60-61。

　　雖然從強弱來劃分關係連帶，爲網絡分析的具體化
發展奠立了基礎，做出了貢獻；但是還是跳不開將關係
網絡化約的侷限或困境。關係連帶的強弱，當然可以由
前述的角度加以認知和界定；但是，關係連帶的強弱還
是一種心理期待。在現實生活中，經常存在這樣的現
象，就算沒有直接的接觸或互動，可是卻在情感上或價
值取向上，非常認同一個人或對象；而且，在相關兩人
（造）之間，對於彼此的關係連帶到底是強是弱的認
知，**其實會出現不一致的**；亦即，其中一方（造）認爲
彼此的關係已經是非常「親」，可是另一方（造）卻不
這麼認爲，或只是一般的弱連帶關係。此外，相關兩人
（造）間是**無法從量化標準**來看彼此連帶的關係，有些
人整天膩在一起，可是卻不知道對方眞正在想什麼或要
什麼，非但訊息不通，而且也沒有彼此分享資源，甚至
（或經常）整天膩在一起，並不是彼此就眞正擁有強連
帶關係。關係連帶的強弱，不能只通過互動頻率，或根
據時間長短來加以衡量和判斷；關係連帶除了涉及功利
算計的成份外，還會涉及情感認同，理解認知以及**價值
相應**的成份。有人可以一見如故，相見恨晚；也有因爲
相處互動以及隨之而來的關係連帶，**相互瞭解後卻反而
轉向疏離**。而就如前述，既然**關係連帶**的建立與我們的
習性有著微妙的連結關係，有的人的**習性**讓他傾向於比
較喜歡和別人維持弱連帶關係或強連帶關係，或比較會
從相對功利的，或相對情感取向的，或相對價值取向的
去與別人建立關係連帶。有些人無論從多麼功利的、工

具的角度去操作，卻再怎麼樣也相處不來，可能也必須回到「彼此的習性不相應」這樣的解釋方向上來。

　　人與人之間不只是存在著訊息不通的「結構洞」，以及利益無法交換交流分享的「結構洞」，也更有存在著情感無法交融認同的「結構洞」，以及價值無法相應的「結構洞」。**填補了訊息不通的「結構洞」或利益資源無法分享交流的「結構洞」，算不算已經和別人或另一個節點建立強連帶關係，還是一個疑問**。「結構洞」的存在是有層次的，訊息不通的或利益資源無法分享交流的「結構洞」是屬於比較外圍的「結構洞」，而情感無法交融認同和價值無法相應的「結構洞」，是比較屬於核心的「結構洞」；要維繫強連帶關係，不能只是靠填補資訊層次的「結構洞」或利益資源層次的「結構洞」。而填補「結構洞」，換另一個角度來看，其實就是在「建立基於算計、記憶、情感認同、價值相應的信任」；因此，我們與其說是某個節點填補了「結構洞」，倒不如說是建立了信任而抹平了人與人之間資訊、感情或價值取向的隔閡。此外，通過習性相應所建立的信任，其實才是填平「結構洞」，建立了強連帶關係的最重要條件，或許，「人與人之間」或「相關的各節點或各造之間」的最核心層次的「結構洞」是基於習性差異或不相應而產生的。

五、對「結構洞」的反思

　　關係網絡一方面當然可以是人或個體選擇行動和互動的載體，而另一方面也是選擇行動或互動建構下的結果，它可以是具體宏觀的，但是它在各節點或各成員來看，也可以成為被認知的對象，或被轉成符號數字或成為註釋理解和定義的文本，亦即有可能成為一套意義結構。而目前對於關係網絡的分析，其中一個主流基本上受電學的影響，引進了路徑（path）、回路（circle）、距離（distiance）、可達性（reachablity）、捷徑（geodesic）等概念來分析關係網絡[39]，這樣做為當然有助於讓關係網絡具象化，不過同時當然也會對關係網絡進行化約。關係網絡對於其中的節點和成員來講，不只是具體的像電流般流動串連的連帶，而更是一套文本，一套意義結構。關係網絡不只是做為一種策略背景，而更可以界定利益，以及我們實際上到底能做什麼或甚至可以做什麼。關係網絡做為人們的生活世界，一方面使人的生活和生命成為可能，而另一方面我們的選擇和行動又可能可以去影響改變關係網絡，關係網絡是一種歷史現象，當然，不用特別強調它是一種社會現象，同時更是一種文化現象。

　　從理性選擇或策略性、工具性的角度去看關係網

---

[39] 羅家德，前揭書，頁77-78。

絡；基本上，很容易認為關係網絡做為一種策略背景，
或做為一種工具或手段，是可欲的、可到達的、可經營
的、可擁有的；亦即人的**理性選擇**或**行動**是可以**跨越或
穿透**關係網絡的界線與人際間的阻隔，不只是信息的阻
隔，更包括文化的阻隔、意識形態的阻隔、或階級或族
群區隔的阻隔。所謂信息或利益，具有文化的、**意識形
態的、階級取向**的內涵。而人際間的「結構洞」，是文
化、意識形態、階級取向等所造成的，亦即，「結構洞」
經常是**建構**下的結果。做為**這樣的**「結構洞」，不是單
純的從理性選擇和行動所能填補或運用的，不過，相信
或認為**關係網絡**可以被策略或工具性的經營或運用，如
果**被建構**成功，甚至成為一個普遍的信念，當然，是可
以有助於人們去跨越文化、**族群**、**意識形態**、**階級或價
值取向**所造成的隔閡、界線或「結構洞」的。

　　不過，這個時候，對關係網絡的策略和工具運用或
經營，其實已經成為一種價值取向。此外，如果一套**關
係網絡**可以允許從策略和工具傾向的**角度**來加以經營或
運用時，那麼這套關係網絡相對也是比較不受文化、意
識形態、階級或族群認同等的制約；但這也**並不是說**，
在文化、意識形態、階級或族群認同制約的關係網絡，
就完全沒有策略或工具性途徑的空間；**而是**，策略或工
具性途徑是從**屬**於這些制約之下；甚至連**利益和目標**都
是受上述制約的**規定或限制**。

　　就算認為可以從策略和工具性的途徑去**看待或經營**

關係網絡；其實由於「理性的有限」及「人的形體的侷限」，能夠填補「結構洞」，扮演構成中介者或甚至中心性的人或節點，經常是在「人算不如天算」或「因緣湊巧」的情況下實現的，亦即，經常是我們算計不到、想像不到的一些因素或條件的支持下，才能獲得實現的。我們一些也許不是刻意的（或策略性的）選擇和行動，已經為我們填補了許多「結構洞」或一些「結構洞」，只是我們並「不自覺」。透過這樣方式填補的「結構洞」，也許並無法使我們馬上或很快獲得回報、效益或好處，但可能在某個情況下，它可以讓我們獲益，這也許正是所謂的「無心插柳柳成蔭」。就如前述，如果沒有創造信任，策略性的創造「結構洞」或去填補「結構洞」，是很有可能徒勞無功的；在我們的生活世界中，被認為「太會做關係」的人，經常往往是會惹人嫌惡的。

此外，在我們的生活世界中，確實是「隔行如隔山」，專業領域的界限，並不是我們可以隨心所欲的跨越的。專業領域的邏輯、知識和經驗並不是可以「一蹴可及」的加以掌握和具有的。如果我們要和某個（些）專業領域建立關係，首先我們必須擁有對該專業領域的邏輯和知識的掌握和理解；或者說我們具有該專業領域所需要的知識、經驗或其他符碼。亦即，要把某個專業領域的關係網絡當作策略背景，從工具性的角度加以運用，必須自己擁有如上所述的條件或籌碼。而且，不同領域或關係網絡之間要尋找幫忙填補「結構洞」的人，

基本上也會從各自的關係網絡中去找。因此，在我們的現實生活世界中，與其說我們可以主動的、非常有策略的去尋找或創造「結構洞」，進而去填補「結構洞」；其實倒不如說是「被動的」被找上門來。而且，如果我們可以尋找到「結構洞」或創造「結構洞」進而去填補它們，其實表示我們對涉及到「結構洞」的各造（節點）之間的關係狀況已經相當瞭解，或者說已經算是「局內人」或「內行人」，或是已經居於適當有利的位置。亦即，並不是填補「結構洞」讓我們居於有利的位置，而是我們已經居於適當有利的位置才讓我們可以去填補「結構洞」。從「局外人」變成「局內人」或「內行人」，也許是如Burt所認為的可以創造「結構洞」或填補「結構洞」的必要條件。但是當我們能如此的時候，其實意謂我們已經進入與「結構洞」相關的關係網絡中，我們要去填補「結構洞」，影響或制約關係網絡，這是一種結構轉換；它所涉及到不只是個體的利益計算，還更涉及到通盤的謀略設想，這已經不是一般的理性選擇或行動理論所能涵蓋的；因為它涉及到創勢、造勢然後順勢去填補「結構洞」。

第四章

社會資本在關係網絡中的操作：
生產與再生產

一、區隔化與相互鑲嵌

　　區隔或類別化是人們認識理解世界和事物的必要過程或條件；而區隔或類別化是一種建構，這種建構帶有高度符號化的色彩。人們透過這種符號化的建構過程去認識或理解，但往往反過來又將這種符號化的建構絕對化，然後將知識視為給定的，這是一種「建構的建構」的結果。在這種建構過程中，一方面可能成就了人們的認識和理解，可是在另一方面，卻可能限制或化約人們認識和理解的諸多可能性，甚至會忽略世界或事物的相對關聯性，對其視而不見。

　　通過我們的日常生活世界，其實我們可以發現，相互鑲嵌（embedded）是人們生活和生命之發展與延續的必要條件，透過互為鑲嵌，人們才有踏實的生活和生命的載體和平台，才能形塑建構認同的問題；通過互為鑲嵌，人們之間才能互為條件，互相滲透，成就人的特殊算計、感情寄託和價值歸屬。但是在區隔或類別化的過程中，人們卻經常去衝擊甚至否定「互為鑲嵌性原則」。其實，不管就現實的建構或邏輯的角度來看，區隔或類別化，基本上也是通過「互為鑲嵌性原則」而成為可能，在區隔或類別化過程中的延伸出來的「排他」，無外是要成就某種「自主性」或所謂的「自由」，換句話說，「排他」和「自主性或自由」之間其實也是互為鑲嵌的。

區隔或類別化是對互為鑲嵌的一種對應方式；同時，區隔或類別化也讓互為鑲嵌具體化，從而也對互為鑲嵌進行重建，讓互為鑲嵌展現不同的內涵和形式。亦即，一方面「區隔或類別化」通過「互為鑲嵌性」而成為可能；另一方面，「互為鑲嵌性」也通過「區隔或類別化」成為可能，雙方又形成互為鑲嵌的關聯。如果從這個邏輯延伸下來看，以區隔或類別化為基礎的特殊化，是通過互為鑲嵌的整體或關係網絡而成為可能的；講的白一點，特殊化是通過整體而成為可能；而反過來，整體或關係網絡是通過特殊化而成為可能。

區隔或類別化釐出了關係網絡中相關各造的界線和不同屬性，從而也賦予了相關各造的符號意義；而這樣的過程，就如前述，就先為了認識、理解關係網絡，並且在關係網絡中進行建構和實踐。至於所有建構和實踐，其實就是通過區隔或類別化的相關各造如何互相關聯從而互為鑲嵌。這種「互為關聯和鑲嵌」的方式，可以是合作的，也可以是衝突的，或既合作又衝突的；另一種角度講，可以是宰制支配，或是相互抗衡；亦即，互為鑲嵌可以是「正面的合作式的」，也可以是「負面的衝突和對抗的」；而不管是什麼方式，相關各造都通過互為鑲嵌而獲得能動以及受到制約。

區隔或類別化既是一種特殊化也是一種相對化，這種相對化促成了差異、甚至對立或正反；而不管是差異、對立或正反都是以「互為關聯或鑲嵌」為前提和基

礎，亦即差異、對立或正反是以整體或整全（totality）爲預設的，並且又反過來繼續成就整體或整全。換另一種角度來說，正與反的區隔是以「合」爲前提和基礎，並且又反過來可以繼續成就「合」；這裡所謂的「合」，指的是「互爲關聯或鑲嵌」。如果順著這個角度來看，具有區隔和差異性的個體，其所做的選擇、行動是對與其他個體之間具體的關係網絡或彼此之間的互爲鑲嵌的一種對應；並且從而去建構關係網絡，或成就另一種形式和內涵的整體，這種整體或關係網絡又使得個體的選擇、行動成爲可能。這樣一來，個體和整體之間雖然也是一種區隔，但是更重要的是「互爲鑲嵌」，它們彼此讓對方而成爲可能。

通過以上的論述，我們可以這麼說，在包括符號化在內的建構實踐過程中，普遍和特殊，個體與總體，從而也觸及微觀與宏觀之間，基本上，是「互爲關聯和鑲嵌」的，從而也是辯證的。區隔是對應於「互爲關聯和鑲嵌」而成爲可能，並且繼續成就「互爲關聯和鑲嵌」，而包括符號化在內的建構實踐，基本上也是對應於「互爲關聯和鑲嵌」，並且繼續成就「互爲關聯和鑲嵌」。亦即，人的建構實踐，是依托通過「互爲關聯和鑲嵌」，並且要繼續生產「互爲關聯和鑲嵌」；其中，「互爲關聯和鑲嵌」成爲人的生命和生活延續和發展之所繫的資本，而人的建構實踐基本上就是一種再投資的過程，通過再投資不斷生產資本；在這個不斷再投資生產資本的過程中，人可能會依循既存的「互爲關聯和鑲

嵌」的方式或樣式去進行**實踐**，以及**再生產**既存的「互為關聯和鑲嵌」的方式和樣式；或也有可能去**改變**既存的方式或樣式，或**爭奪**「互為鑲嵌和關聯」的樣式或方式的**主導權**。在這樣的過程中，會出現區隔或類別化的建構或制度規範的建立或種種規則或機制；當然，也會為人的**理性選擇**和行動留下**空間**。不過，生活世界中的「互為關聯和鑲嵌」的情境或方式，會制約人的理性選擇和行動；從而也就會界定人的利益目標的內涵和意義。

人的生命和生活存在和**發展**憑藉的是現實生活世界中的「互為關聯和鑲嵌」的**情境**；講的簡單點，「互為關聯和鑲嵌」成為人的生命和生活的資本，而人的生命和生活的延續和發展就是要去再生產這樣的「資本」。「互為關聯和鑲嵌」讓人的生活實踐既需要「**區隔和類別化**」，又**更需要跨越**「區隔和類別化」，從而也需要去**跨越**主與客，以及宏觀與微觀、個體與總體、唯心與唯物的對立，展現**辯證**的生命和生活型態。當然，在這個過程，既涉及到**合作**也觸及到**衝突與對抗**，但無論如何，就如上述，都是為了成就「互為關聯和鑲嵌」，從而也是為了成就辯證的生命和生活型態。

二、馬克思的資本概念

Nan Lin在《社會資本：社會結構和行動的理論》

（*Social Capital: a theory of social structure and action*）一書中第一部份首先討論了資本理論的歷史演變過程，其中觸及了馬克思資本理論、人力資本論（Human Capital）、Bourdieu的文化資本論，以及Coleman、Putnam的社會資本論，在討論馬克思的資本理論部分，Nan Lin著重從馬克思談資本如何從資本家和勞動者在商品生產和消費過程中的社會關係形成[40]；明白的提出馬克思把資本當作一種社會現象或社會概念。亦即，就Nan Lin來看，馬克思的資本理論基本上已算是社會資本論，馬克思對社會資本論的形成發展做出了貢獻。不過，Nan Lin是從馬克思的政治經濟學論述去分析討論馬克思的資本理論，而並沒有從做為馬克思政治經濟學根本的辯證法論述出發去加以說明。

馬克思的資本理論告訴我們，資本是通過社會階級結構制約下的階級關係而形成的；資本的形成同時也代表社會階級關係以及結構的再生產；而反過來說，通過再生產以及維繫社會階級結構和關係可以不斷生產資本；因此，資本不只是經濟的範疇或社會的範疇，更是一個以階級為取向的範疇，它反映而且承載甚至維繫社會階級結構和關係。資本是屬於優勢的，亦即是居政治經濟支配宰制地位的階級的，誰要擁有或能不斷再生產資本，就必須是屬於這個優勢階級的成員。馬克思把社會關係看成是宰制與被宰制、或壓迫與被壓迫的關係；

---

[40] Lin, Nan, Social Capital: a theory of social structure and action, NY: Cambridge University Press, 2001, pp.4-28.

其具體的運作過程是居劣勢或被宰制、被壓迫階級的剩餘價值的不斷被剝削；而剩餘價值的剝削和被剝削是通過優勢和劣勢階級之間的商品生產和消費過程來實現的。

馬克思強調在資本主義社會中，資本家（資產）階級是通過剝削勞動者（或無產者）階級的剩餘價值來積累資本；亦即資本家通過或依托著剝削性的階級關係來累積資本；不只勞動者（或無產者）鑲嵌在這種階級關係中，就連資本家是「互為關聯和鑲嵌」的；它們之間是一種剝削與被剝削的關係，這種關係也許是對立的，但他們彼此卻「互為關聯和鑲嵌」。而剝削與被剝削是這種「互為關聯和鑲嵌」的方式或模式，資本家和勞動者（無產者）的生命和生活的延續與表現，都是透過這種「互為關聯和鑲嵌」的方式或模式而獲得體現的；資本家通過它不斷積累資本，而勞動者通過它獲得維持生存需要的基本的工資，從而苟延殘喘式的延續其生命。

馬克思告訴我們，在資本主義社會中，資本家和勞動者之間的「互為關聯和鑲嵌」方式和模式的操作，通過商品生產交換和消費過程，以經濟的形式來表現的。商品是做為資本家和勞動者「互為關聯和鑲嵌」的中介因素，而商品的生產交換和消費則正是資本家和勞動者「互為關聯和鑲嵌」的具體表現過程。商品是一種關係現象或範疇，從而也是一種社會存在或範疇，它不是單純的經濟現象或範疇；而且商品的生產交換和消費這樣

一般被視為純經濟的活動，基本上也是一種社會活動，
或是說是鑲嵌在階級的互為關聯的社會關係網絡之中。
此外，更進一步說，商品的生產交換和消費就是在再生
產（或維繫）資本家與勞動者之間的「互為關聯和鑲嵌」
的方式和模式；亦即他們彼此之間的「互為關聯和鑲嵌」
方式和模式，又依托在或鑲嵌在商品生產交換和消費這
樣的經濟活動之中。

　　馬克思也強調，資本家會通過文化意識形態領域和
政治權利的操作去維繫或正當化上述的與勞動者之間
「互為關聯和鑲嵌」的模式；而再延伸下去，就是去維
繫或正當化資本家不斷再生產和積累資本的模式，或者
說是維繫或正當化商品生產交換與消費的過程和模式。
於是文化意識形態領域和政治權利的操作、資本的再生
產累積和商品的生產交換與消費又「互為關聯和鑲
嵌」。

　　馬克思不只將互為鑲嵌的觀念和論述用到社會階級
的互動分析中，也用到社會總體運作的分析中，甚至更
用到歷史演變發展的時間向度的分析中。馬克思在《政
治經濟學批判序言》中被認為是有關其歷史唯物論的著
名論述中強調：「無論哪一個社會型態，在它所能容納
的全部生產力發展出來以前，是絕不會滅亡的；而新的
更高的生產關係，在它的物質條件在舊社會的胎胞裡成
熟以前，是絕不會出現的。[41]」馬克思告訴我們，新的

---

[41] 中共中央馬克思恩格斯列寧斯大林著作編譯局，馬克思恩格斯全集：第十三
卷，北京：人民出版社，1962年，頁9。

社會型態的形成，基本上是通過（而且鑲嵌在）既存社會的生產力和生產關係的「互為關聯和鑲嵌」之中；而舊的或既存的社會型態，是在生產關係從做為生產力的發展形式進而變成生產力的桎梏，逐步地被揚棄的。新與舊的社會型態之間不是「一刀切」的關係，而是通過生產力和生產關係的「互為關聯和鑲嵌」，從而也「互為關聯和鑲嵌」在一起。

我們都知道馬克思對於社會和歷史的分析是以辯證法的論述架構為基礎的；而其辯證法講的是以人的勞動實踐為基礎的人的生活世界、社會總體運作和歷史發展中的「互為關聯和鑲嵌」。抽離了互為鑲嵌這個概念，而且可能變得非常空洞。馬克思的政治經濟學的論述植基於辯證法，從而也就植基於「互為鑲嵌」這個概念之上，抽離了這些，馬克思的政治經濟學或其資本理論就會變得非常空洞，甚至會被理解錯誤。

從以「互為鑲嵌」為基礎的辯證法論述出發，我們才能如上述所言，馬克思的資本概念是一個社會概念或是一種社會現象，從而也才能強調馬克思的資本理論對於在其之後的社會資本論的發展做出了貢獻。而從馬克思政治經濟學論述與社會資本論發展的關係看來，我們應該可以這麼說，是「互為鑲嵌」這樣的觀念進入了有關資本的論述或分析中，才使得社會資本這樣的概念或相關論述才得以發展。

三、林南對馬克思資本理論的理解

　　Nan Lin在其上述書中提出，馬克思認為資本主義社會中的資本的不斷形成和產出或積累的過程，分析的來講，是開始於勞動者受雇把自己的勞動力當成商品出賣給資本家；通過這樣的運作，勞動者從資本家手中獲得了維持其生存基本需要的工資；然後，資本家自己或通過其他資本家將商品賣到貿易市場，資本家創造了第一層的剩餘價值，因為商品被賣到貿易市場所獲得的貨幣或價值超過原先資本家付給勞動者的工資；而這也就是說，勞動者為資本家所生產出來的商品價值卻超過其所獲得的工資；接著，資本家又把商品推銷到消費市場，從而又創造了第二層的剩餘價值，因為商品被賣到消費者手中所獲得的貨幣或價值超過在貿易市場中的價值。通過上述這樣的商品生產交換與消費的過程，剩餘價值被創造出來了，並且一部份轉化為資本家的資本，促進了資本家的資本積累[42]。

　　Nan Lin指出，馬克思的資本理論分析基本上並沒有為「勞動者向資本家的流動或轉化」留下空間，馬克思認為勞動者永遠不可能積累資本從而有可能轉變為資本家。因為，就馬克思看來，勞動者從商品生產中獲得的工資，幾乎又差不多投入購買生活必需品的消費之中，

---

[42] Lin, Nan, opcit., pp.4-6。

亦即，勞動者所獲得的工資只夠維持生存[43]，或者說只能讓他苟延殘喘維繫生命和生活；勞動者無法在商品生產交換與消費過程中創造其剩餘價值。

　　Nan Lin在前述書中也特別提到人力資本論。他強調人力資本論基本上修正或取消了對資本的階級解釋，從而認爲資本是鑲嵌在勞動者身上的一種附加價值，而且可以通過勞動者所受的教育、訓練和經驗被估算甚至被具體的應用操作[44]。Nan Lin認爲，人力資本論相對於馬克思資本理論最吸引人之處，在於其跨越階級框架，認爲勞動者可以創造剩餘價值，積累資本甚至變成資本家。而且，人力資本論認為，勞動者的勞動力內涵和價值是可以因人而異的，並不是古典的馬克思資本分析認定所有勞動者都是一樣的，只能做一般性的體力的、被安置或安排好的工作。亦即，在古典的馬克思的資本分析中，勞動者是隨時或任意的可以被替代的，但人力資本論則基本上從勞動者的勞動力品質和內涵的差異，強調了勞動者的不可替代性[45]。

　　Nan Lin指出，人力資本論相當強調勞動者可以因爲其勞動力的內涵和品質而要求更高的勞動交換價值，這個價值可以超出其維持生命的必需的水平之上；勞動者通過這樣的過程，可以創造剩餘價值，甚至積累資本變

[43] Ibid., p.6。
[44] Ibid., pp.8-9.
[45] Ibid., pp.9-10.

成資本家。而且，更重要的是，勞動者本身可以成為資本的元素，亦即可以成為投資以便積累或創造資本的對象；這就是說，資本的形成和積累可以是階級合作而不是階級剝削鬥爭的結果。在馬克思的政治經濟學和資本理論的分析中，基本上把資本的形成和積累看成是階級剝削鬥爭的結果，此外，在馬克思的嚴格階級二元框架的分析中，基本上取消了勞動者的自主性，勞動者在階級結構的制約下，只能被動地出賣勞動力以使苟活；而人力資本論則基本上保留（甚至突出了）勞動者的理性選擇能力，從而也就為勞動者的自主性留下了相當大的空間[46]。

四、人力資本論的論述

從Theodore Schultz和Gary Becker為主所發展出來的人力資本論[47]；對於馬克思的資本理論當然構成挑戰；同時也為資本主義社會運作的正當性辯護做出了「貢獻」。不過，如Nan Lin在書中所指出的，人力資本論仍然可以通過馬克思的資本理論分析框架來加以解釋；只不過是，人力資本論為做為個體的勞動者留下了理性選擇的自主性和空間，整合了微觀分析和宏觀分析。其

---

[46] Ibid., pp.10-13.

[47] Ibid., pp.8-14. 另請參閱Nan Lin前揭書的參考書目中有關Theodore Schultz和Gary Becker相關著作。

實，人力資本論之所以吸引人的地方，還不在於其為勞動者的理性選擇的自主性留下了空間，更重要的是，通過這層意義的延伸出來的「勵志」的作用：人人皆有可能創造剩餘價值，積累資本從而甚至變成資本家。在這個勵志意涵的背後，隱藏的是促使人們自覺或不自覺的認同和融入資本主義社會，把可能成為資本家或享受和資本家一樣或類似的休閒活動當成是人生最大的目標。以對資本主義社會的認同和融入，取消或替代對資本主義社會的反思和批判。

　　此外，就算勞動者本身可以成為資本投資的對象，資本家可以透過提升勞動者勞動力的品質和內涵，從而創造更高更多的剩餘價值以及資本的積累；但如果從馬克思政治經濟學和資本理論的分析邏輯來看，這仍然沒有改變資本家對勞動者剩餘價值剝削的現實。因為，儘管勞動者因為其勞動力的品質和內涵的提升而增加了工資待遇從而超出了其苟活的水平，但相對的也可能為資本家創造了更大更多的剩餘價值，積累更多的資本。亦即，資本家對勞動者的相對剝削其實依然如故。而且，更重要的是，有可能造成這樣的情況：通過讓勞動者獲得超出其苟活水平的工資和待遇，使得資本家剝削勞動者的剩餘價值「正當化」。而且，當勞動者因為其勞動力的內涵和品質改變，而被認為可以提升其工資待遇或勞動交換價值的同時，整個社會的基本的生活水平的標準也相對或相應的提高；而其結果，有可能勞動者還是處在社會最低的生活水平中，但卻讓他們形成了錯誤或

虛假的意識或認知，以為他們自己已經擺脫「苟活」的困境，甚至有可能開始積累資本從而變成資本家。不過，把勞動者建構成「潛在的資本家」或「可以成為資本投資的對象」，永遠是人力資本論迷人的核心重點所在，這會使它繼續具有強韌的生命力。

人力資本論的主軸突顯勞動者可以通過資本主義的機制，不只成為潛在的資本家，而且還可能就變成資本家，從而因此而進一步融入資本主義社會中。亦即，勞動者是通過鑲嵌而且融入資本主義社會來保證其生命和生活表現水平的提高，以及自己本身可以做為「資本」的價值的提升。而反過來，資本家也通過將勞動者當作資本投資的對象，從而創造更高的剩餘價值以及積累更大的資本。從這樣的角度觀之，資本家和勞動者通過資本主義社會的機制「互為關聯和鑲嵌」。因此，乍看之下，若從人力資本論的角度，我們似乎可以直接而且簡單的說，資本來自於個人或個體身上；但是，如果我們仔細地細究的話，人力資本論到頭來還是不得不回到資本家和勞動者「互為關聯和鑲嵌」這樣的關鍵點上來。

五、資本的生產、再生產與建構

我們必須再度重申強調，儘管資本家從商品生產交換消費過程中創造剩餘價值，從而積累資本，轉到可以從把勞動者本身當作資本，通過允許或讓勞動者提升勞

動力的內涵和品質，來創造更大的剩餘價值和積累更多的資本；基本上，並沒有改變資本家對勞動者剩餘價值的剝削，以及通過商品生產交換和消費產生剩餘價值以及積累資本的機制。

　　此外，就算按照人力資本論另一個重要的論述角度認為，勞動者可以通過理性選擇決定是否（或如何）努力或投資，以使獲得更多更好的技術和知識，從而提升去勞動交換價值。但是，人力資本論並沒有去追究所謂技術和知識從何而來，以及勞動者是追求或獲得什麼樣的技術和知識等這兩個重要的問題。勞動者所追求或獲得的技術和知識，是通過資本主義社會的教育訓練以及出版傳播系統所提供的，其中尤其是教育訓練系統更是扮演最重要的角色。而教育系統是屬於資本主義社會的上層建築的一環，其核心的功能就是不斷再生產維護資本主義社會機制的文化和意識形態；技術和知識通過教育訓練過程，被納入文化和意識形態的生產和操作過程中；從而使技術和知識的提供也成為資本主義社會文化和意識形態再生產的一環；而這些都是為維繫資本主義社會的運作而服務的。亦即，不管是資本家把勞動者當作資本投資的對象，或幫助勞動者可以不斷去獲得技術和知識，或勞動者通過理性選擇自己去追求或獲得技術和知識，基本上，都是讓勞動者自覺或不自覺的更進一步進入資本主義社會文化和意識形態的再生產之中，從而也更加牢固地融入資本主義社會之中。從這個角度來看，當勞動者不斷因為獲得技術和知識，豐富其勞動力

品質和內涵，從而提高其勞動的交換價值，並且創造剩餘價值積累資本時；並不表示階級鬥爭的舒緩或階級合作的出現；而可能是**階級宰制**或**資本主義社會對勞動者的支配**更為深化和鞏固。亦即，勞動者可以是**通過理性選擇**這樣「自覺」的方式，更加接受資本主義社會的文化和意識形態，從而更加融入資本主義社會，以交換讓自身可以成為資本投資的對象；而這也就是說，勞動者讓自己本身成為資本主義社會文化和意識形態運作的**槓桿**，從而也變成資本主義社會文化和意識形態的化身，甚至**直接成為資本主義機制的環節**，然後他本身才會成**為資本投資的對象**。亦即，勞動者通過所謂理性選擇的「自覺」的方式，更進一步附著或鑲嵌在資本主義文化和意識形態的操作中，從而讓自己本身可以成為資本。

　　而勞動者本身可以成為資本的深層意義就是，資本主義社會可以通過勞動者做為載體，不斷**再生產**其文化和意識形態；資本家對勞動者的投資，讓勞動者不斷受教育訓練，其實也是不**斷再生產**資本主義社會的文化和意識形態，從而也是為不**斷再生產**「資本主義社會」而服務的。

　　人力資本論的論述邏輯所不能或沒有觸及（或處理）的上述這些問題；基本上在Pierre Bourdieu有關文化資本的論述中獲得相當程度的回答[48]。而Nan Lin在前述書

---

[48] Ibid., pp.14-17. 另請參閱另請參閱Nan Lin前揭書的參考書目中有關Pierre Bourdieu的相關著作。

中也在分析了馬克思的資本理論以及上述的人力資本論後，緊接著也分析了Pierre Bourdieu的文化資本論。Nan Lin認為，Pierre Bourdieu將文化界定為一套符號和意義系統；而一個社會的優勢或支配階級會透過介入或掌握教育系統或教育活動，將自己的文化置入整個社會中，並且使下一代內化優勢或支配階級的符號和意義（亦即文化）[49]，從而不斷再生產優勢或支配階級的文化優勢。這樣的「文化」不斷再生產的過程中，其實是優勢或統治階級對被支配階級的「符號暴力」（symbolic violence）的遂行，但是通過教育系統和機制的操作，卻可以使優勢或支配階級的價值和文化被合法化為社會的客觀的文化和價值；其具體表現為，在教育系統中，不只包括教師和教育管理者這些人在內的代理者，要求或強將支配或優勢階級的文化和價值視為普遍客觀的，而且把它們當作技術或知識傳給學生或下一代；而學生也相應地要求和誤認優勢或支配階級的文化和價值當成他們的技術和知識，或甚至成為他們的資產或資本，以使可以在勞動市場獲得工作機會，在優勢和支配階級控制的組織和單位中被聘用[50]。

　　如果我們再回顧上述有關對人力資本的討論；我們可以說，勞動者可以將自己或資本家將勞動者當作資本或是資本投資的對象，關鍵在於勞動者取得做為資本主

---

[49] Ibid., p.14.
[50] Ibid., pp.14-15.

義社會文化和意識形態再生產的載體的身份。取得了這種身份讓勞動者可以鑲嵌在資本主義社會的文化和意識形態的生產過程中，接受做為優勢或支配階級的資本家的文化和價值。亦即，當勞動者不斷接受增加技術和知識的教育訓練的同時，也就等於不斷註冊做為優勢或支配階級文化和意識形態的代理人；而且他必須通過接受優勢或支配階級的文化和價值，自覺或不自覺地宣稱或被宣稱具有這種代理人身份。

這也就是說，勞動者之所以有價值或成為資本投資的對象，是因為其在不斷受教育訓練的過程中，不斷體現了優勢或支配階級文化和價值的再生產。

Pierre Bourdieu企圖要告訴我們的是，當勞動者非常高見地認為，自己通過理性選擇不斷接受教育訓練，已獲得更多的技術和知識，從而厚植自身的人力資本的同時；其實，他是通過接受優勢或支配階級的「符號暴力」，而自覺或不自覺的內化其文化和價值；因此，勞動者所培植的人力資本，是以階級間的「符號暴力」為基礎的一種符號或文化資本（Cultural capital）；或者說，所謂人力資本，就是勞動者接受資本家或優勢支配階級的文化價值認證；而如果再換另一種說法，就是資本家或優勢支配階級通過教育訓練系統，以增進勞動者的技術知識為名，不斷促使勞動者認同融入資本主義社會或優勢支配階級的文化價值，從而使其不斷成為資本主義的代理者或優勢支配階級的文化價值的再生產的積

桿。

　　Nan Lin在上述書中認為，對於社會資本的討論，基本上可以分成從個體取向或集體取向兩種角度。從個體取向去看社會資本，主要強調人或個體如何通過理性選擇和工具性行動在社會網絡中取得回報或資源；而從集體取向去看社會資本，基本上會強調社會資本是一種集體資產，由集體或團體中的成員透過交換的義務責任和彼此相互的認知來共同分享，它是一種由相互的認知熟識以及遵照交換的權利義務的倫理關係，而進行動員的能力[51]，社會資本不只是為團體所用，而又去維繫了團體的存在。Burt的社會資本論述屬於個體取向；而Bourdieu、Coleman和Putnam等屬於集體取向[52]。其實，個體取向也可稱為自我中心取向；而集體取向也可以稱為宏觀取向。

　　從個體或自我中心取向去談社會資本，其實可以和人力資本與文化資本論述結合起來：人或個體可以透過理性選擇和工具行動從社會網絡中取得文化資本或人力資本，可以讓人或個體具有優勢的競爭位置。此外，透過上述，我們可以說，文化資本當然是社會資本，同時也可以是人力資本，但最終主要的是要會（或能夠）化為經濟資本。而不管是從個體或集體的取向去談社會資本，我們都必須注意，社會關係網絡或網絡中的互為鑲

---

[51] Ibid., pp. 22-23.

[52] Ibid., pp.21-23.

嵌和關聯，才是社會資本的核心，抽離了這些去談社會
資本絕對是空洞的。Coleman在《社會理論的基礎》
（*Foundation of Social Theory*）一書中討論社會資本[53]，
列舉了南韓學生運動的祕密團體，俄國革命前的工人組
織，以及一位母親因為小孩子的安全特地從底特律搬到
耶路撒冷三個例子說明了社會資本。他強調，特定的社
會網絡可以使在其中的個人「安身立命」或「安心正當
的行動或採取活動」；而封閉（或交往密切或密集）的
網絡是集體或團體得以維繫的保證[54]；而Putnam在《使
民主運轉起來》（*Making Democracy work: Civic
Tradition in Modern Italy*）[55]一書中，特別強調透過結社
和參與，可以形塑建構集體的規範和信任，從而增進
（或提升）集體的福利和福祉[56]。不管是Coleman還是
Putnam有關社會資本的論述，其實都在強調社會關係網
絡以及網絡中的互為鑲嵌和關聯才是真正的社會資本；
我們不能抽離這些而只談集體的規範或信任的重要性，
甚至只把制度或規範或信任直接當作社會資本，這不只
如上述是空洞的，而且是--種捨本逐末的作法。

---

[53] Coleman, James S., *Foundations of Social Theory*, Harvard University press, 1990, chapt.12；中文見James S. Coleman著，鄧方譯，社會理論的基礎，北京：社會科學文獻出版社，1999年，共上、下兩冊。

[54] Lin, Nan, opcit., p.23；James S. Coleman著，鄧方譯，前揭書，頁357-358。

[55] Putnam, Robert D., *Making Democracy work: Civic Traditions in Modern Italy*, Princeton University Press, 1992；中文版見Robert D. Putnam著，王列、賴海榕譯，使民主運轉起來，南昌：江西人民出版社，2001年。

[56] Lin, Nan, opcit., p.23；Robert D. Putnam著，前揭書，頁195-207。

第五章

代結論：
從新制度主義到社會資本

一、啓蒙理性影響下社會科學的發展

　　自啓蒙以來，「理性」（reason）成為人思考、行為及選擇時的重要判準，甚至無限上綱成為唯一的價值；在除魅（disenchantment）的大旗下，人的理性無限度被延伸，成為能洞悉一切現象的工具。在知識社群中，「理性」的作用，使科學主義從自然科學進而延伸到人文社會學科，使得對社會人文的觀察被影響及規訓成一種過於機械式的分析。

　　在這樣的認知基礎上，知識界在理解、觀察人類世界及人群活動時，便很容易將社會建構而出的世界當作客體，並透過理性思維的作用導向一個所謂的眞理，擁有發言權的知識界以觀察者的身份將活生生的人群世界視為一個客體，並將其所歸納推理而出的理論視為分析途徑，脫離具體生活實踐、化約地去解釋複雜的人類世界和人群活動。

　　這種過於機械的解釋及看待人類世界、人群活動的分析方式，將人從活生生的現實生活中抽離出來，「人」成為一個空洞的名詞，或只是一個符號。在理性規訓下的社會人文科學，以一種過度自信的巨視及宏觀，將複雜的人類世界及人群活動通過所謂科學的計算方式或歸納，化約成圖表數字，進而在這些圖表數字中梳理及解釋「人」及人群活動。如此過度自信的巨視與宏觀，曾

一度在知識社群乃至於各個領域中扮演重要的角色。但經驗證明，即使再精密的計算或分析，人類世界和人群活動仍不可能被完全的掌握，許許多多的例證告訴及提醒人們，理性思維及分析只是人類行動時的部分，並非唯一且絕對的判準。或者說，人不可能擁有「全知全能」的「無限理性」，在有限的生命情境中，人的理性必然有其限度；在理性的限制之下，所謂的「科學」的社會人文分析，也必然被迫面臨重新的反省及檢視。

在面對這些知識系統時，我們不得不回到「人到底是什麼」這樣根本的問題，才能理解人在選擇及行動時，是如古典制度主義所認知的「被結構所限制」，亦或僅是如行為主義所描述的「個人理性運作下的必然」？因此，我們必須重新思考，長期以來人類一直思索如何去解釋（或面對）下面的課題：「做為行動主體的人以及相對於人所存在的生活世界之間到底存在何種關係？」、「人的主體能動性如何展現？」、「客觀世界如何可能存在？」順著這個邏輯所思考下來的是，在做為人或個體選擇、行動或行為的生活世界中既存的制度或是組織、規範以及依托在這些制度、組織或是規範而產生的種種關係網絡，到底是如何被形塑與被操作的？

這些問題馬克思或許已經為我們提供一個很好的思考方向，馬克思從辯證唯物的觀念出發，認為人和社會、自然甚至歷史之間並不是對立的、抽象的、唯心的存在，而是一種相互依存、相互保證、相互滲透的辯證

關係，同時這種辯證關係通過人類具體勞動實踐而成為可能。人或社會、自然從來就不是二元對立的主客體截然二分的存在／存有，而是在相互依托、滲透或者說是「相互鑲嵌」的互動模式中才使彼此成為可能，從而也開展了種種生活世界中的一切。

二、鑲嵌概念的發展

順著這個邏輯，我們開展了這本書的論述脈絡。首先，我們要探討「鑲嵌」這個概念。這就必須從人或個體的主體能動性和以生活世界中的種種制度、組織和規範所形成的互動關係網絡到底是如何可能操作談起。在這裡，我們分析古典制度主義和以理性選擇為主要論述依據的行為主義之間的歧異點，做為要說明「鑲嵌」這個概念必須先具備的基礎知識。

古典制度主義重視制度的形成，強調現存的制度是在歷史脈絡發展下演變而成。綜合以上兩者，我們可以這麼說，人的行動鑲嵌於制度之中，制度則鑲嵌於歷史，所以，人也是鑲嵌於歷史之中的。另外，古典制度主義在方法論上是屬於整體主義的，是一種宏觀分析，也因此，它關注的焦點在於以制度、組織或規範所形成的整體結構如何對整個社會、國家甚至是全體人類產生制約與影響。它重視的是整體結構的操作、運行與穩定，並且避免結構崩解的產生。它並不是從個體或微觀

的角度去關心人或個體在結構中應該如何自處或行為與
行動，也不認為人有能力脫離結構的束縛或制約。這種
宏觀的整體主義邏輯強烈的表現出人是一種制度（或說
是整體）的存在，人的思維以及伴隨這種思維所產生的
行動和行為，必須從其在制度或整體中所扮演的角色或
位置才能理解，這也就是說，人的思維以及行動和行為
是來自於他在制度或整體中的角色與位置。然而，由於
古典制度主義在分析途徑以及方法論上的限制，使它將
行動者（actor）的行動（action）取消，忽略了個人的
主體能動性，從而造成行為主義者對它的反思與批判。

　　相對於古典制度主義對整體和宏觀分析的重視，行
為科學主義走的是個體主義和微觀分析的道路，並且以
個人的理性選擇做為核心論述，在操作向度上強調以人
的理性選擇做為人類行動或行為的基礎，認為人的理性
思維能力是可以獨立於整體或制度、組織與規範之上，
對利益或效益、效率的極大化追求是做為一個人或個體
在理性選擇過程中考量的最重要因素，制度、組織或規
範的存在只是做為提供人操作理性選擇以及行為或行動
的背景或是場域，人是依據自身的偏好以及對利益的追
求來決定行為或行動，並且以此展現自己存在的價值與
意義，而不是單純的被視為是結構或制度運作下的一個
單位。這種強調「經濟理性」的操作模式，雖然後來受
到不少人的批判，認為這種抽離結構制約的思考邏輯是
一種抽象的、不切實際的思維方式，所以在對理性選擇
的有限性上分別做了修飾與反思，但是它仍無法解決理

性選擇在具體操作上的某些盲點,特別是無法回答關於「個體的偏好與利益是如何被形塑建構的」,以及「伴隨這種形塑建構而來的理性選擇以及行為、行動是如何在現實中被賦予意義」。

知識界對行為主義、理性選擇途徑的反思批判,從古典制度主義到行為主義兩種不同的思維激盪下,將古典制度主義的結構分析與行為主義、理性選擇主義的個人(體)微觀分析結合起來,導引出新制度主義的方向。古典制度主義強調人或個體的思考、行動和行為都是依托在具體的制度、組織或歷史所形成的結構之上,人並不能抽離這些結構而存在;而理性選擇則強調人或個體的理性選擇以及行動和行為的重要性,並且說明結構是依托在人類這些做為上被形塑建構而成為可能的。新制度主義對強調微觀分析的行為主義進行修正,並再向結構分析傾斜;這樣的轉折代表其方法論更趨成熟,它並非否定微觀成就;也就是說,新制度主義的產生,同時繼承了制度和行為理性選擇的優點,而非古典制度主義單純的復辟[57]。新制度主義融合兩者的觀點,認為制度(包含正式和非正式)、組織和歷史所形成的結構對個體並非只是單純的限制、制約或決定,同時也是賦予人理性選擇或行為、行動的可能性;而個人的自主性或理性選擇也不是先驗給定的,而是通過結構來獲得與表現。所以,人類的自主能動性和以制度、組織、歷史

---

[57] Peters, B. Guy, opcit., chapt.1.

所形成的結構存在相互作用的關係，這也就是所謂的「鑲嵌」。

雖然在不同的新制度主義學派中，對理性選擇和制度結構之間的作用關係強弱的詮釋與理解各自不同，但是基本上都是同意人與結構之間存在「相互鑲嵌」的依存關係，並且由此開展種種關係網絡的命題，避免陷入過度強調結構或強調個體的抽象論述中。

本書是以「鑲嵌」這個概念，來說明新制度主義背後所要表達的「人」與「制度、組織、歷史所形成的結構」間的互動關係，並藉此探討這種鑲嵌所產生的互動的關係如何影響人類生命生活中關係網絡的操作。因此，我們必須跳脫出長期以來整體主義的結構分析和個體主義的理性選擇在方法論上的迷思，而在結構與主體能動性相互鑲嵌的認知圖像上導出了網絡分析途徑的方法論。我們必須瞭解到，相互鑲嵌的關係不是只存在於人與制度結構上，也存在人與人之間，以及由互動所產生的社會網絡關係上。普遍和特殊、個體和總體、微觀與宏觀，都是互為關聯、辯證與相互鑲嵌的。相互鑲嵌是人生活或生命發展與延續的必要條件，透過互為鑲嵌，人類才有踏實的生活和生命的載體與平台，才能形塑建構認同的問題，也即是說，通過互為鑲嵌，人與人之間才能夠互為條件、互相滲透，不但成就人類的理性算計、情感依托和價值歸屬，同時也證成人類對自我存在的認知與建構，而這整個過程也正是形成一個個「相

互鑲嵌」的人與人、人與結構、結構與結構之間的互動
網絡。網絡分析的概念也正是建立在這種互為鑲嵌的基
礎上開展的。

三、合理性的追求與表現

接下來要處理的是個體的理性選擇與制度或規範如
何鑲嵌並且表現在人類的生活世界。

分析人類日常生活中對「合理性」的探討，具體表
現的便是在對效益、效率的追求和對正當性的期待方面
的問題。「合理性」指的是人類在追求效率或效益的同
時，其使用的手段或方法或是最終的結果、目的是否能
夠爲他人所接受，而這種接受的標準往往便是以通過制
度或組織、規範來判斷其是否具備且符合正當性的期
待。

通過網絡分析的方式，我們很容易可以發現，所謂
的「效率、效益」和「正當性」並不是先驗給定或是客
觀存在的標準或規範，而是人類通過理性選擇和制度、
組織或規範所形成的關係網絡「互為鑲嵌」之下的產
物。理性選擇追求的是效率、效益的極大化表現，而制
度、組織或規範代表的是在可容許範圍內的正當性的展
現。這兩者的「互為鑲嵌」構成了人們在追求效率或效
益時，如何處理利益極大化與正當性擁有的問題。一方

面，人類通過理性選擇對效率、效益的追求，必須在制度或規範的保障來證成其合理性，從而提供理性選擇所做出的手段或方式對效率、效益的追求是具備合理性與正當性的；而另一方面，對正當性的強調與追求，往往也可以做爲人們在沒有能力追求效益或效率時的遁辭。即制度或組織、規範的確立，可以提供效率或效益之外的正當性基礎，即可以用正當性賦予彌補效率或效益的有限或不足。

　　不論是效率、效益的要求或是正當性的期待，都可以算是理性運作的表現，而個人的理性運作的活潑與豐富性，主要便表現在讓效率、效益的要求和對正當性的期待不斷的相互證成。效率、效益和正當性各自反映了相關各造關係網絡中權力、利益或相互認知期待的現實，如果抽離了這種現實，則所謂的效率、效益和正當性則全部成爲抽象的論述。

　　也因此，人類通過理性計算對效益、效率的追求與通過制度、組織、規範的設計所表現出對正當性的期待，其實是通過所處的生命情境和互動關係網絡來做考量的。也因此，對效率、效益的追求與對正當性的期待，在不同的情境下往往具有不同的考量與解釋。甚至在某些時候，代表正當性的制度或規範，會被當成人類通過理性選擇追求更大效率或效益時所產生的欺騙或傷害的遁辭。因爲如果在某些情境下的制度或規範設計，只是被當成鞏固理性選擇正當性的基礎，那人或個體往

往可以在**具備制度或組織規範正當性**的前提下，做出**欺騙或傷害他人的行為**；反過來說，如果某些制度或組織規範的設計只是爲了**突顯其正當性訴求來掩蓋對效率或效益追求的不足**，那人們可以依托在具備正當性的前提下，刻意忽視了**對效益和效率追求的無能與失敗**。前者例如個人爲追求自己的權益而鑽漏洞、走後門；後者則常見於一些效率不彰的公司或企業的營運。而這兩者，其實都是人類在追求「合理性」的時候，所可能面臨的矛盾。

制度、組織或規範與具體的**關係網絡**的存在與確立同時具有一個相當重要的作用，那便是**克服人類心理的不確定性**，讓人與人在通過制度、組織或規範與具體的**關係網絡產生的互動具有可預期性**，從而使人感到安全，並且產生**信任關係**，這種信任關係的產生使得社會資本的操作成為可能。

四、關係網絡的掌握

Burt的「**結構洞**」（Structural Holes）**概念是聯繫**「**關係網絡**」與「**社會資本**」的中介橋樑。在Burt的認知裡，關係網絡已經不再單純地做為人們生命生活的互動場域，而是從工具性和功利性的角度來分析與看待，把關係網絡視爲是一種資本，人們可以通過理性操作的方式去建構和創造對自己有利的關係網絡。「結構洞」

指的是社會複雜的人際關係網絡、結構中往往存在許多沒有聯繫溝通的空缺點，每一個空缺點就是一個「結構洞」。如果我們可以做為許多不重複訊息源的連結點或中介角色，讓自己成為訊息傳遞或關係聯繫的橋樑或節點，就可以在不同的關係網絡中佔有維持各造聯繫溝通的重要地位，並且在其中擁有相當的自主性和有效的創造社會資本，換言之，積極掌握甚至是創造「結構洞」，讓自己藉由填補「結構洞」來成為相關各造中溝通聯繫的節點，便能夠成為最大的受益者，也才能將關係網絡轉換成最有經濟效益的資本。

　　「結構洞」探討的是通過對具體的關係網絡的分析、掌握與運用，以瞭解如何將我們生活生命中的關係網絡轉換成可以生產和利用的資本。然而Burt雖然強調要人們掌握「結構洞」，但是對於我們「如何可能」或「為何可能」掌握「結構洞」，Burt就缺乏進一步的說明了，這一點，我們必須要從「習性」（habitus）談起。

　　所謂的「習性」是指人在生命發展的過程中，自覺或不自覺的接受、學習、薰陶、感受所累積與沈澱、內化的一些人格特質與行為模式。可以這麼說，在人生命發展的過程中形成了「習性」，而習性也不斷的在人生命發展的過程中制約和影響人類的理性選擇以及行為或行動，習性不是一種抽象的存在，它與人類生命體驗或生命經歷是呈現一種共生發展的關係，不同的生命經驗成就不同的生命個體，也造成不同的「習性」。

　　由於人類的理性選擇和行為、行動都會在自覺／不自覺中受到習性的影響，也因此，人們習慣選擇從事與自己習性相近的事情，選擇與自己習性相近的人互動，並且在這種互動過程中產生信任。信任是通過人類在制度、規範或具體關係網絡中互動所產生，但是，習性相近的人比不相近的人在上述的互動過程中更容易產生信任。信任不是純然功利計算或認識理解或感情認同的結果，它還受人類習性的影響與制約。

　　所以，在思考Burt的「結構洞」時，我們必須將習性以及信任考量進去，我們可以發現，能否做為「結構洞」其實也受到習性和信任關係的影響，這也包括了Granovetter所提出的強弱連帶關係的建立。這是我們在分析「結構洞」的操作時必須注意到的，也是本書在第三章所試圖論述的重點。

五、社會資本的意涵

　　最後，我們進入社會資本的探討，在這裡，我們審視資本和生產之間的關係，即「社會資本這個概念是如何形成的」。社會資本的生產與操作之所以可能，其實是來自於人與人之間互動的關係網絡，換句話說，人的建構實踐，是依托通過人與人關係網絡的「互為關聯和鑲嵌」，並且繼續生產這種「互為關聯和鑲嵌」，在這個過程裡，「互為關聯和鑲嵌」成為人生活和生命延續與

發展所繫之資本，也因此，人的建構實踐基本上就是一種「再投資」的過程，通過再投資不斷生產資本。社會資本就是在這種不斷被投資和生產的操作過程中被表現與運作，社會資本不是一種抽象的存在概念，抽離了具體的關係網絡，社會資本就無法存在。

我們藉由Nan Lin在《社會資本》一書裡面討論了資本理論的演變過程，分析和論述了由馬克思以來的資本概念的發展，並且藉由對傳統資本理論、人力資本論、文化資本論的分析與討論，導出了社會資本論如何可能操作與存在的意義。

對資本發展概念的分析，我們由馬克思的階級剝削的資本理論做為起點，向其他幾種資本理論過渡，即不再單純的著眼於強調資本的階級剝削觀念上，而將資本視為是一種社會現象，一種鑲嵌於人類生活生命發展的社會或歷史範疇，這種鑲嵌通過商品的生產、消費和再生產、再消費的循環來維繫資本家和勞動者之間「互為關聯與鑲嵌」的方式，同時也讓包含文化、政治等社會範疇的操作也成為資本，並鑲嵌在這種生產和消費的過程中。換言之，資本不是一種單純的、抽象的經濟範疇，它是一種社會範疇，並且通過商品的生產、消費和再生產、再消費的形式鑲嵌於人類的具體關係網絡中。儘管馬克思的資本理論強調資本流轉的過程所產生的階級不平等，並且忽略不同人力資本操作間的差異，其他的人力資本論者突出了勞動者的理性選擇能力，為勞動

者的自主性留下很大的空間。或是類似像Bourdieu的文化資本所論述的文化的宰制與再生產其實不斷的鞏固支配階級的優勢地位，並且讓勞動者把依照優勢階級所建構出來的遊戲規則，當成自己生活生命實踐的場域或背景，也因此使得人力資本的意義其實只是代表勞動者符合資產階級的需要而已。然而不管是從一種操作向度來論述社會資本，不管是從個體的或集體的角度來看待社會資本的存在意義。其實都脫離不了資本家和勞動者互為關聯與鑲嵌或是社會關係網絡中的互為鑲嵌與關聯的互動的關係，因為，這種「互為鑲嵌與關聯」所產生的互動，才是社會資本論述的核心。

　　想深一層，通過這種互為鑲嵌與關聯，勞動者和資本家之間的關係一方面在具體的關係網絡中進行互動，另一方面也不斷的生產和建構文化或意識形態，資本家通過這種生產和建構種種維持資本主義運作體系穩定的文化或意識形態，讓勞動者可以願意在現存的關係網絡運作中「安身立命」；而反過來，勞動者則藉由生產和建構批判與反思現存資本主義運作體系的文化與意識形態來讓自己可以在現存的關係網絡中「力爭上游」。然而，不管是「安身立命」或是「力爭上游」，其實都是一種緣於資本家與勞動者「相互鑲嵌與關聯」所產生的互動關係，兩者同時也在這種不斷建構與發展文化和意識形態的過程中相互滲透與證成。換言之，階級剝削、人力資本、乃至社會資本其實都是立基於「互相鑲嵌與關聯」的關係網絡互動中的一種建構，抽離了這種具體

的關係網絡，則這一切都顯得沒有意義甚至是不存在。

六、結語

在經過知識界對觀察人類世界方法的重新反省後，人或個體的選擇和行動不再只是化約的被規訓在理性的基礎或結構的制約上，而是回到真實的生活世界中；過去結構／個人理性二元對立的思維，忽略了我們生存的真實情境，本書可以視爲是對社會科學研究方法論的一個反思。藉由對新制度主義發展與社會資本概念的探討，我們提出了「鑲嵌」這個概念，並且強調在日常生活中看似二元對立的事物，其實都是在一種「相互鑲嵌與關聯」的情形下運作與表現的，抽離了鑲嵌概念，對事物或情境的區隔與分析則成爲一種抽象的二元對立分析與討論，而這其實是背離現實的。然而，對於真實生活世界——即社會網絡的理解及分析，能讓我們更能理解人之所以選擇與行動的目的與原因，也讓知識系統回到為人所用，而非宰制現實生活世界的符號系統。

本書的另一個概念是以網絡分析的概念分析與觀察人類生命生活中具體的關係網絡，因此，「結構」（structure）的多樣性被還原，「結構」不再是「隱喻」（metaphor）、先天被給定，不證自明的前提；「結構」是「活生生的人」所串起的聯繫，其可能是一個客體實體，一種制度或規範，一套語言符號系統，一個心理的

認知或概念，甚至是作為一個與依托人的實踐而來的建構或運作相連結的一種過程，結構不是靜態的，而是動態的，是會隨著人正在進行中的關係不斷流變的。並藉由鑲嵌觀念的導入，讓生活中許多被當成給定的或約定俗成的規範、制度或概念被解放出來，重新審視或論述這些規範、制度或概念是如何在具體的關係網絡操作下被賦予意義或操作，並且讓人們可以從以「非鑲嵌」的視野來分析、看待事物或情境的邏輯中解放出來，而能夠確實的瞭解到，以「非鑲嵌」的論述或分析討論來看待人類生活生命的發展只是一種抽離現實的、一廂情願的模式或方法。

　　知識界對人類生活的觀察歸納及分析所建構出的理論，也必須與生活實踐辯證結合，不再孤立於人具體的生活情境之外。在這樣的氛圍下，過於細緻的學術分類將被跨學科的不斷對話所取代，不論是經濟、政治或各類別的學科，都必須重回社會脈絡中相結合，才能成為寶貴的知識；也就是說，人類的經濟或政治活動，必須通過具體而微的生活網絡才能實現，「互相鑲嵌與關聯」的關係網絡的互動，才是讓人的生命、生活得以具有發展與實踐意涵的真正原因。

附錄一

馬克思歷史唯物論的啓蒙與反思

編按：對於資本主義社會的觀察與批判，馬克思主義
一直是最有力的工具。〈馬克思歷史唯物論的
啓蒙與反思〉一文是作者早年發表的文章，原
文發表於1986年2月2日《紀念張君勱百齡冥誕
學術研討會論文集》，礙於本書篇幅的限制，作
者略作刪節，主要談的是馬克思歷史唯物論形
成的過程以及內容，包括他的辯證法、歷史觀
以及對黑格爾觀念論的批判。本文通過「原典」
的閱讀，和思想家進行對話，我們特將其附錄
於書後。作者更透過早年的著作，呼應本書的
論述，完整呈現其思想脈絡的進路。

一、馬克思主義的歷史唯物論

（一） 依據馬克思的原典著作及其歷史唯物論

　　1831年，黑格爾逝世後，他的思想體系仍然是支配當時普魯士的顯學，而隨著1835年施特勞斯（D. F. StrauB, 1808-1874）發表〈耶穌傳〉（Das Leben Jesu）引起普魯士知識界爭論以降，普魯士知識界就分裂成黑格爾左、右派。左派又稱為「青年黑格爾派」（Young Hegelians）而右派又稱為「老年黑格爾派」（Old Hegelians）[1]。大致而言，青年黑格爾派主張發揮黑格爾辯證法所蘊含的創進精神，反對將宗教與哲學、理性等同起來，而且不贊成「老年黑格爾派」以黑格爾思想為普魯士政府辯護[2]。馬克思曾是青年黑格爾派的一份子，深受黑格爾思想的影響，而在費爾巴哈在1841年、1842、1843年出版的〈基督教的本質〉（Das Wesen des Christenthums）、〈關於哲學改革的臨時綱要〉（Vorlaufige Thesen Zur Peformation der Philosophie）（以下簡稱〈綱要〉）和〈未來哲學原理〉（Grundsatze der philosophie der Zukunft）以後，馬克思又受到費爾巴哈人本學 （Anthropology）和自然主義（Naturalism）的

---

[1] Zvi Rosen, *Bruno Bauer and Karl Marx: The Influence of Bruno Bauer on Marx's Thought,* The Hague, 1977, pp.21-35.
[2] 中山大學哲學系主編，《馬克思主義哲學史稿》，北京：人民出版社，1981年，頁21-23。

重大影響，這種影響使他在〈黑格爾法哲學批判〉（寫於1843年夏天）及〈1844年經濟學哲學手稿〉（以下簡稱〈手稿〉）中，企圖突破黑格爾思想體系的籠罩，並提出批判性的看法。

　　馬克思在柏林大學研讀期間（1836-1841），與其他青年黑格爾派份子一樣認為，現實的國家應該是客觀精神在現實世界的顯現；但與他取得博士學位，進入《萊茵日報》（Rheinische Zeitung fur Politik, Handel and Geruerbe）工作，必須全面投入對萊茵省各種社會現象和政治問題的觀察後，原先的這種看法，便有所改變。透過這一番對現實問題的觀察，馬克思認為，黑格爾絕對現實的國家觀同現實社會之間，存在著嚴重的「理論與現實」的差距，從黑格爾的角度出發，並無法解釋現實社會中芸芸眾生的真相；馬克思認為，在現實世界中，國家並不能體現自由、公平與正義；而反過來卻是，人對物質利益的追求，社會上的等級地位和其他種種客觀的社會關係網，決定了人的思想和行為，以及國家的運作和發展[3]。

　　基於這種認知和背景，馬克思在〈黑格爾法哲學批判〉中，進一步透過費爾巴哈對他的影響（尤其是〈綱要〉一書對馬克思影響最大），批判黑格爾的國家觀，馬克思在此書中認為，現實的家庭和市民社會，並不是在「國家」這一理念的發展過程中所分離出來的，而是

---

[3] 中山大學哲學系主編，《馬克思主義哲學史稿》，頁24-30。

乃以現實的國家和市民社會為基礎，才有其具體的內容
和現實的意義；這也就是說，馬克思認為，家庭和市民
社會才是國家的前提，才是國家之所以可能形成的現實
條件[4]，而黑格爾把國家視為「客觀精神」的最高表
現，並把家庭和市民社會視為在「國家」這一理念的發
展過程中所出來的，這是一種倒果為因、顛倒主體與客
體關係的「錯誤」看法。一句話，馬克思認為，對於現
實國家，絕不能從他們本身，也不能從所謂客觀精神的
發展來理解，而必須透過由生活的個人所組成的家庭和
市民社會來加以掌握；再推論下去，也就是說，必須透
過由於個人從事物質生活所形成的家庭組織和社會關係
網絡，才能瞭解國家的真相[5]。

　　馬克思以這種角度批判黑格爾的國家觀，除了其親
身的生活體驗外，正如上述，是受費爾巴哈〈綱要〉的
影響。費爾巴哈〈綱要〉一書的重點，乃是對黑格爾哲
學的批判。他在此書中認為，只要經常把黑格爾哲學中
的賓詞反過來當作主詞，就能得到純粹的明顯的真理，
而人世間一切問題一切命題的真正主詞，應該是活生生
的人和他與多采多姿的大自然所形成的物質生活關係；
因此，活生生的人才是國家的基礎，國家之所以可能的
根據，是活生生的現實存在[6]。

---

[4] 中共中央馬克思恩格斯列寧斯大林著作編譯局，《馬克思恩格斯全集》第一卷，北京：人民出版社，1962年，頁250-253。

[5] 《全集》第一卷，頁34-35。

[6] D. Mclellan著，夏威儀等譯，《青年黑格爾派與馬克思》，北京：商務印書館，1982年，頁107-108。

　　綜合以上的論述可知，馬克思在〈黑格爾法哲學批判〉中認爲，現實世界的國家機器並不是體現普遍客觀的理性力量的工具，它是自在自爲的眞實歷史內容；不過，對於它的理解必須進一步以活生生的人的現實存在爲基礎，才有可能。這也就是說，馬克思認爲，對於人類社會，包括國家機器諸現象的考察，應以人本學爲原則，才能把握眞正的面貌。但是，馬克思認爲，在確立「人世間的學問應該是人本學」之前，應該首先反省「人是如何活生生地存在？」這個問題，而爲了論述這個問題，馬克思在〈手稿〉中不但提出一套人學體系，作爲其批判勞動者在資本主義社會發生異化勞動的判準，而且在人本學的原則下，首次給予歷史人本學的詮釋。

　　馬克思在〈手稿〉中認爲，要對於「人之所以爲人」這個問題有全面而且深刻的瞭解，就不能透過固定的範疇、靜態的角度以及宗教的立場來進行。他認爲人並不是神或上帝創造出來的。人是透過自己的勞動過程不斷創造和成就自己來確認自己的，而人的勞動創造之所以可能，除了人的主體能動性外，還必須與整個大自然界作爲條件。這也就是說，人必須在大自然界中，首先作爲自然存在物，才能談的上所謂的勞動創造，而人作爲自然存在物，使人的生命得以延續、確認的同時，人不但形成了人的社會，而且成爲社會的存在物。

　　換言之，在馬克思看來，人的生命是具有自然存在

和社會存在雙重性的；這兩方面並不是互相排斥，而是
互相作用的：人的自然存在是人的社會存在的必要前
提，人的社會存在同時也是保證人的自然存在**繼續**成為
可能的必要條件。由此可知，馬克思認為，在現實世界
中，人必須要在或大或小的社會場合中，才能與自然就
發生互動關係，創造出能夠確證吾人生命，發展吾人生
活的物質環境。

　　此外，馬克思認為，作為聯**繫**人的勞動創造和確證
生命、發展生活的中介是人的目的意識。在目的意識的
觀照下，人不但能照自己的生命和生活成為吾人意識投
想關懷的對象，而且能夠在社會中透過人的勞動，將人
的聰明、才智用在大自然上；在創造大自然、改造大自
然的同時，也使自己的生命得到確證，生命得到發展。

　　在馬克思看來，人們怎樣在社會場合中，透過勞動
創造出確證吾人生命、發展吾人生活的物質環境，人類
歷史就是怎樣展現；換言之，馬克思認為，所謂歷史不
外是人通過勞動的誕生史「是自然界對人來說的生成史」
[7]。由此可知，馬克思在〈手稿〉中，已經透過對「人
活生生的存在如何可能？」這個問題的哲學人類學
（Philosophical Anthropology）的思考，將歷史的前提奠
定在自然主義人類學的基礎上。

　　既然歷史是人類發展過程的歷史，是活生生的、現

---

[7] 《全集》第四十三卷，頁84。

實的人的活動的歷史，馬克思在其與恩格斯合著的〈神
聖家族〉中就認爲，歷史的無窮無盡的豐富性，不是
「歷史」創造的，而是現實的、活生生的人創造的──亦
即「歷史不過是追求著自己目的的人的活動而已」[8]。換
句話說，馬克思在〈神聖家族〉中，不但已經把歷史人
本化，當成人本身的歷史，而且把現實的、活生生的人
當作全部歷史的起點，人成爲在歷史中從事社會活動的
人。

　　有了這樣的思想反省作基礎，馬克思在〈關於費爾
巴哈的提綱〉中，以警句的方式對費爾巴哈的唯物論加
以批評。他認爲費爾巴哈的唯物論，將自然界當作是自
開天闢地以來就已存在的、始終如一的東西，看不到人
對自然界的創造和作用；換言之，馬克思認爲，費爾巴
哈不瞭解我們生活在其中的自然界是已經打上人的（整
體生命）實踐烙印的人化的自然界；而人與自然界的關
係並不是單純的感覺、直觀的認知關係，而是人透過
（整體生命）實踐獲得對自然界的認識的，正因爲如
此，馬克思在〈關於費爾巴哈的提綱〉中提出：「從前
的一切唯物主義──包括費爾巴哈的唯物主義──的主
要缺點是：對事物、現實、感性，只是從客體的或直覺
的形成去瞭解，而不是把它們當作人的感性活動，當作
實踐去理解」[9]。進一步說，在馬克思看來，人對於大

---

[8] 《全集》第二卷，頁119。
[9] 《全集》第三卷，頁3。

自然的認知是透過（整體生命）實踐才有可能的，而所謂自然界也正是經過以往人類實踐的人化自然界。至於作為認知主體的人，也不是孤立的過著冥思絕隔的人，他是處在一定的、具體社會關係中有意識地進行活動的現實的人。

透過以上的論述可知，馬克思透過對黑格爾和費爾巴哈的反省，想把歷史人本化，使其奠基於人類學前提上的理論建構，在〈手稿〉中已經初露苗頭；而在經過對費爾巴哈唯物論的進一步反省，使馬克思能夠從知識論的角度，配合「實踐」範疇進一步說明，在人的現實存在中，人與大自然的關係。

就由於有這一番人類學的歷練，馬克思在其與恩格斯合著的〈德意志意識形態〉（以下簡稱〈形態〉）中，才能進一步從自然主義人類學的角度，建構其「歷史唯物論」。

在〈形態〉第一章中，馬克思認為費爾巴哈雖然把人理解為感性世界的人，但是費爾巴哈的理解一方面僅僅侷限於對這一世界的單純直觀，而另一方面又侷限於單純的感覺，因此費爾巴哈所談到的只是「人自身」，而不是現實存在歷史中活生生的人。「他沒有看到，他周圍感性世界絕不是某種開天闢地以來就已存在的、始終如一的東西，而是工業和社會狀況的產物，是歷史的產物，是世世代代活動的結果，其中每一代都在前一代所達到的基礎上繼續發展前一代的工業和交往形式，並

隨著需要的改變而改變他的社會制度。是至連最簡單的
『可靠的感性』的對象也只是由於社會發展，由於工業
和商業往來才提供給他的[10]。」因此只有按照事物的本
來面目及其生產根源才能真正理解人，費爾巴哈只把人
看作是感性的本質存在，而不是感性的活動存在物，他
仍然只停留在理論的領域內，而沒有從人們現有的社會
聯繫，從那些使人們成爲現在這種樣子的周圍生活條件
來觀察人們，因此費爾巴哈從來就沒有看到眞實存在著
的、活動的人，而是停留在抽象的「人」上，「並且僅
限於在感情範圍內承認『現實的、單獨的、肉體的
人』，也就是說，除了愛與友情，而且是理想化了的愛
與友情以外，他不知道『人與人之間』還有什麼其他的
『人的關係』。」[11]費爾巴哈沒有批判現實的人的生活關
係，因而他就沒有把感性世界理解構成這一世界的個人
的共同的，而且活生生的感性活動，因此，「當費爾巴
哈是一個唯物主義者的時候，歷史在他的視野之外，當
他去探討歷史的時候，他絕不是一個唯物主義者。」[12]

　　馬克思認爲任何人類歷史的第一個前提無疑是有生
命的個人的存在[13]。由此可以得知第一個要確定的具體
事實就是個人的肉體組織，以及肉體組織制約的他們與
自然界的關係。因此，有生命的個人首先直接是自然存

---

[10] 《全集》第三卷，頁48-49。
[11] 《全集》第三卷，頁50。
[12] 《全集》第三卷，頁51。
[13] 《全集》第三卷，頁23。

在物。而人們是透過勞動在自然界中生產他們所必需的
生產資料方式，首先取決於他們所得到的現成的需要在
生產的生活本身[14]，人們用以生產自己所必需的生活資
料方式，首先取決於他們所得到的現成的需要在生產的
生活資料本身的特性[15]；而這種方式就是人生活方式，
由這種人的生活方式，就可以看出人的真正存在，亦即
可以從人生產什麼，以及如何生產，看出人的生活真面
貌。「個人怎麼表現自己的生活，他們自己也就怎樣。」
[16]

　　既然人的生活是有條件的，「現實中的個人……從
事活動……，進行物質生產……，因而是在一定的物質
的，不受他們任意支配的界限，前提和條件下能動地表
現自己……。」[17]那麼人乍看之下似乎是完全受必然法
則的支配，與動物受制於自然法則沒有什麼兩樣，但馬
克思認為人們自己開始生產他們所必需的生活資料時，
他們就開始把自己和動物區別開來，而其中最主要是因
為人可以從事有意識、有目的的創造性、全面性的活
動，不但生產自己的生命，而且也生產自然，創造自
然，補足他人生活的不足，因此人之所以異於禽獸，在
於人是有意識，有目的的能動、能創造的自然存在物。

　　從以上的論述可知，馬克思認為歷史必須有其前

---

[14] 《全集》第三卷，頁24。
[15] 同前註。
[16] 同前註。
[17] 《全集》第三卷，頁29。

提，這個前提不是人空想出來的一些概念或範疇，而是應以現實的人爲前提，而且一刻也不能離開這個前提。這就是說觀察歷史必須從現實的人的生活著手，「這是一些現實的個人，是他們的活動和他們的物質生活條件，包括他們得到的現成的和由他們自己的活動所創造出來的物質生活條件。因此，這些前提可以用純粹經驗的方法來確定。」[18]

　　既然歷史唯物主義是由從事實際活動的人出發，因此進一步可以從人們的現實生活過程中，揭示人類的歷史發展。這個發展過程必須經過以下幾個階段：

（1）從直接的物質生產出發。

（2）從直接生產和交往中發展出歷史上各個不同階段的市民社會；並將此理解爲整個歷史的基礎。

（3）然後必須在國家生活範圍內描述市民社會的活動，同時從市民社會出發來闡明各種不同的理論產物和意識形式，如宗教、哲學、道德等等，並且在這個基礎上追溯它們產生的過程[19]。

　　亦即，馬克思認爲人們之所以有歷史，是因爲他們必須生產自己的生活，而且是用一定的方式來進行，這

---

[18] 《全集》第三卷，頁23。
[19] 《全集》第三卷，頁42-43。

也就是說，歷史的第一個前提是人們為了能創造歷史，必須能夠生活。而要能夠生活，首先就需要衣、食、住及其他東西。因此人們的第一個歷史活動就是生產滿足這些需要的資料，而生產物質生活本身。這同時也是人們為了能夠生活所必須時時刻刻進行的一種歷史活動，及一切歷史的一種基本條件。

因此，任何歷史觀的第一件事就是必須注意上述基本事實的全部意義和全部範疇，而且給予應有的重視，沒有世俗的基礎的歷史，是片面的、不切實際的，因此不算歷史。

馬克思認為人們的歷史活動的第二個事實是：已經得到滿足的第一個需要本身，滿足需要的活動和已經獲得的為滿足需要工具又引起新的需要；這種新的需要又促成人們的歷史活動。

馬克思認為歷史的第三個事實是：每日都在重新生產自己生活的人們，同時也生產另外一些人，而增值，例如夫妻之間的互補互足，父母生育、教養子女、因此第三個事實最明顯的表現在人們的家庭中，「家庭起初是唯一的社會關係，後來，當需要增長產生了新的社會關係，而人口的增加又產生了新的需要時，……」[20]才發展出複雜的分工交換的社會關係。

就因為人們的歷史活動有著前面這三個事實，因此

---

[20] 《全集》第三卷，頁32。

人們的歷史活動立即表現為雙重關係：一方面是自然關係（以生產力或工業為內容），另一方面是社會關係，而社會關係則指以生產方式為基礎的人與人之間的分工、交換關係，這是因應生產力的水平而形成的。由此可見「一定的生產方式或一定的工業階段始終是與一定的共同活動的方式或一定的社會階段聯繫著的，而這種共同活動方式本身就是『生產力』，由此可見，人們所達到的生產力的總和決定著社會狀況，因而，始終必須把『人類的歷史』同工業和交換的歷史聯繫起來研究和探討。」[21]

馬克思認為，隨著人口的增多，需要的增長，分工就自然的發生，而與分工同時出現的還有分配，而且是使勞動及其產品產生不平等的分配，因而也產生了所有制。

分工是自發的，而不是人的自願，而且「當分工出現後，每個人就有了自己一定的特殊的活動範圍，這個範圍是強加於他的，他不能超出這個範圍。」[22]每個人在分工後都有固定的角色和地位，因此人的社會活動就固定化，人們「本身的產物聚合為一種統治我們的，不受我們控制的，與我們願望背道而馳的，並抹煞我們的打算的物質力量。」[23]亦即，人本身的活動對人說來就

---

[21] 《全集》第三卷，頁33-34。
[22] 《全集》第三卷，頁37。
[23] 同前註。

成為一種異己的，與他對立的力量，這種力量驅使著人，而不是人駕馭著這種力量。」[24]受分工制約的不同個人的共同活動，產生了一種社會力量，即擴大了的生產力，但由於共同活動本身不是自願而是自發形成的，因此，這種社會力量對人們而言是某種異己的，在他們之外的權力，而且支配著人們的意志和行為。

馬克思認為，在自發而不是自願的分工之下所產生的巨大生產力，如上述到最後對人們形成一種「不堪忍受的力量」，在這過程中，由於不平等的分配，把人類的大多數變成無產者，而與資產階級對立起來，共產主義的發生就是以此為前提的，共產主義是一種運動，不是一種理想，這個運動本身是由現有的前提所產生的，其目的在消滅現存狀況的現實，亦即消滅異化而使交換、分工及分配重新趨於「合理化」。

馬克思在談完他們的歷史觀後，總結道：「在過去一切歷史階段上受生產力所制約，同時也制約生產力的交往形式，就是市民社會。這個社會……是以簡單的家庭和複雜的家庭……作為自己的前提和基礎的。……這個市民社會是全部歷史的真正發源地和舞台。」[25]「市民社會包括每個個人在生產力發展的一定階段上的一切物質交往。它包括該階段上的整個商業生活和工業生活，……另一方面，它對外仍然需要以民族的姿態出

---

[24]《全集》第三卷，頁37。
[25]《全集》第三卷，頁40-41。

現，對內仍然需要組成國家的形式。市民社會……始終標誌著直接從生產和交往中發展出來的社會組織，這種社會組織在一切時代都構成國家的基礎以及任何其他的觀念的上層建築的基礎。」[26]

　　馬克思認爲，思想、觀念和意識的生產，最初是直接與人們的物質活動、物質交往、與現實生活交織在一起的。「觀念、思維，人們的精神交往在這裡還是人們物質關係的直接產物。」[27]人們是自己觀念、思想和意識等的生產者，但同時又受著自己的生產力的一定發展以及與這種發展相適應的交往的制約，因此，人的意識和存在是人的一體兩面，而且只有人的存在，生活、意識才有意義，才有價值，也才有可能。「意識在任何時候都只能是被意識到了的存在，而人們的存在就是他們的實際生活過程」[28]這句話很清楚地說明在人的實際生活過程中，人同時就會產生意識，意識到自己的生活與生存，而人的意識與人的實際生活過程的關係，就像照相時將現實的存在倒現在照相機中一樣，這種關係也像「眼網膜上的倒影是直接從人們的生活的物理過程中產生一樣」[29]，因此，千萬不能說意識決定人的生存方向，而應該說意識在人的現實生存中顯現。

　　人是自然界中，同時也是在社會中進行著分工、交

---

[26] 《全集》第三卷，頁41。
[27] 《全集》第三卷，頁29。
[28] 同前註。
[29] 《全集》第三卷，頁30。

換等交往方式，因此人的現實生活是在社會中呈現的。上述人有了生活，就有人的意識，因此意識一開始就是社會的產物，而且只要人們還存在著，它就仍然是這種產物。由此可以得知，意識是與人的生產活動、社會狀況息息相關的。

　　既然，在馬克思看來，歷史是人活過來的歷史，社會是人從事勞動創造的場合，人的活動貫穿於歷史的各個層面；那麼，在馬克思看來，歷史唯物主義的研究起點只能是現實的人，從事實際勞動的人。不過，現實的人雖然是歷史唯物論的研究起點，但是敘述、建構歷史唯物論的體系，卻只能從表現人之所以為現實的人的勞動開始。

　　我們可以說，在〈形態〉中，馬克思的歷史唯物論得到全面性地建構，而在其往後的著作中，馬克思就應用這套看法來分析人類歷史和社會。〈共產黨宣言〉就是馬克思應用唯物史觀的具體產品，不過，馬克思在〈共產黨宣言〉中也賦予唯物史觀新的範疇——階級鬥爭和暴力革命。馬克思認為當生產關係無法適應生產力的發展時，人類社會就會發生階級鬥爭和暴力革命，來重新調整生產關係使其適應於新發展出來的生產力，而值得注意的是，馬克思在〈共產黨宣言〉中對階級鬥爭和暴力革命的強調，並不是突然的作法。因為馬克思將人視為在社會中從事勞動以滿足需要、慾望的現實人；這樣現實的人，當他們警覺到由於生產關係無法適應新發展出來的

生產力，而使得由生產力所延伸出來的財富、利益分配
不均，被別個集團、階級所壟斷時，必然會起而從事階
級鬥爭與暴力革命，來改變這種生產關係。換言之，由
於馬克思將人視爲現實的人，就容易得出以階級鬥爭、
暴力革命作爲解決社會問題手段的看法。

　　從1850年代末期起，由於馬克思大量研究古典經濟
學，而且著重對當時歐洲資本主義社會的觀察，馬克思
就企圖對歷史唯物論，尤其是對生產力、生產關係和生
產方式等範疇以及其間的互動關係，進行全面性的總
結，以便能夠進一步透過政治經濟學的角度，對資本主
義生產方式及與其相應的生產關係進行研究，裨便批判
資本主義社會。

　　馬克思對歷史唯物論簡明扼要的總結，最主要表現
在其〈政治經濟學批判序言〉（以下簡稱〈序言〉）中，
他指出：「人們在自己生活的社會生產中發生一定的、
必然的、不以他們的意志爲轉移的關係，即同他們的物
質生產力的一定發展階段相適合的生產關係。這些生產
關係的總和構成社會的經濟結構，即有法律和政治的上
層結構豎立其上並有一定的社會意識形式與之相適應的
現實基礎。物質生活的生產方式制約著整個社會生活、
政治生活和精神生活的過程。不是人們的意識決定人們
的存在，相反的，是人們的社會存在決定人們的意識。
社會的物質的生產力發展一定階段，便同他們一直在其
中活動的生產關係或財產關係（這只是生產關係的法律

用語）發生矛盾。於是這些關係便由生產力的發展形式
變成生產力的桎梏，那時社會革命的時代就到來了。隨
著經濟基礎的變更，全部龐大的上層建築也或慢或快地
發生變革。」[30]而後，馬克思在《資本論》中，就按照
上述〈序言〉中這套警句式的歷史唯物論總結，通過對
人的勞動過程、生產力性質以及人們在生產過程中必然
發生的關係的總和的考察指出：（1）資本主義社會，
是生產力與生產關係、經濟基礎與上層建築構成的相互
聯繫和作用的有機整體；而這個有機整體是順著生產力
和生產關係以及相應地經濟基礎與上層建築之間辯證的
關係在發展著；（2）資本主義社會正處於個別化的生
產關係與社會化生產力的矛盾狀態中，這種矛盾中不但
出現資本家與勞動者的剩餘價值關係，而且預設了階級
鬥爭、社會革命以及向共產主義過渡的必然性。換言
之，馬克思在《資本論》中，以既有的歷史唯物論的架
構爲基礎，配合經濟學的詮釋，透過對資本主義社會發
展「規律」（生產力與生產關係之間的辯證關係）的分
析，指出人類社會邁向共產主義的必然性，從而使人類
的歷史「自然化」了。

　　透過上述的論述，筆者將馬克思的歷史唯物論做了
一番總的詮釋。但由於馬克思在直至〈形態〉著作中並
沒有集中明確地說明過「生產力」、「生產方式」和
「生產關係」等三個歷史唯物論的重要範疇；因此，筆

---

[30] 《全集》第十三卷，頁8-9。

者認爲有必要特別針對上述三個範疇進行說明，才算
「完整」地掌握其歷史唯物論。

　　透過前面的論述可知，生產力和生產關係是人從事
勞動的兩個面向；因爲，馬克思認爲生產力指的是人對
自然的關係，是人自然存在的表現；而生產關係指的是
人在改造、創造自然的勞動過程中所必然結成的一定形
式的相互關係，它是人生產活動得以進行的必要條件；
換句話說，馬克思想延續〈手稿〉對於自然存在、社會
存在互爲前提條件的看法，認爲生產力與生產關係也是
互爲條件的。因爲，在馬克思看來，人們爲了創造、改
造大自然。使其能夠供更多的生產資料滿足人們不斷發
展著的需要，就必須不斷發明和使用新的生產工具，調
整人們在勞動過程中的結合方式和相互關係；亦即爲了
創造、利用大自然，人們必須相應地調整、組成生產方
式和生產關係，而當生產關係適應生產力的發展要求
時，它便成爲人們自主勞動的條件，使人們已經獲得的
生產力得以充分利用，同時也保證生產力的開發繼續成
爲可能；但是，當生產關係不再適應生產力的發展要求
時，它就會阻礙，甚至束縛、破壞既有的生產力。因此
馬克思在〈形態〉中認爲，不同歷史階段內存在的各種
生產關係，「起初本是自主活動的條件，後來卻變成了
它的桎梏，它們在整個歷史發展過程中構成一個有聯繫
的交往形式（即生產關係——筆者註）的序列，交往形
式的聯繫就在於：已成爲桎梏的舊的交往形式被適應於
比較發達的生產力，而也適應於更進步的個人自主活動

類型的新的交往形式所代替；新的交往形式又會變成桎梏，並爲別的交往形式所代替。」[31]

　　透過以上的說明，我們大致可以瞭解馬克思「生產力」、「生產關係」和「生產方式」的意義，而若再配合「勞動」概念來進一步論述，生產力就是人以自己的勞動作爲中介，組合勞動手段（或工具）、勞動對象等生產要素而產生物品的能力；至於生產方式就是人的勞動力、勞動手段（或工具）、勞動對象等生產諸要素組合的方式。不過，馬克思認爲，生產要素的組合，不僅有一個技術方式（如手工、機器，或個體簡單協作以及複雜協作等）的問題，而且是在一定的社會聯繫形式中完成的。例如，任何原始社會的勞動組合都是以「人與人間的自然血緣關係」爲基礎，而資本主義社會的勞動組合是以「資本家與勞動者的雇傭關係」爲基礎的。再而，馬克思認爲，原始社會的自然血緣關係又與親族的共同佔有制聯繫在一起；資本主義社會的雇傭關係則以勞動和勞動實現條件的所有權的分離爲條件；職是，馬克思認爲，生產方式是勞動的技術組合方式、社會聯繫方式以及所有制方式的統一。而在著重考慮社會聯繫時，馬克思通常就以生產關係取代生產方式來進行有關歷史唯物論的論述。

　　透過以上的論述可知：（1）在馬克思看來，生產不是單純地表現在人對自然的勞動創造上，而是表現在

---

[31] 《全集》第三卷，頁81。

人與人的社會聯繫關係中：（2）亦即，要瞭解人類的
生產不能光從勞動的自然過程著手，而必須掌握勞動的
社會過程才能克竟其功；這也就是說，人類的生產方式
是技術組合方式和社會聯繫方式的統一，抽離了社會聯
繫方式，人類的生產方式就無法形成；（3）生產力不
是做爲人們單純的產生物質產品的能力而存在，它同時
也表現爲人的整體社會力量；（4）某一階段一開始的生
產力，不但表現了人改造自然、利用自然的能力，從而
奠定了人得以生存的基礎；而且會使人形成相應的生產
方式和生產關係，使人類的生產力得以和人的生活連結
在一起，此時，人類社會就處於一種相對穩定的狀態，
而以這一套生產方式和生產關係爲基礎所形成的社會系
統的籠罩下，社會各階層之間以及以下層基礎和上層建
築之間，形成了牢固的相互作用的「鏈條」，一時間很
難於使之鬆弛或斷裂。不過，相反地。人類卻能在生產
力透過整個社會系統繼續拓大其效果的「反饋」過程
中，逐漸地修正、增加輔助性的生產手段，力圖應付由
於人口增加、需要增長而形成的提高生產力的要求。相
應於這種點點滴滴地生產力的改變，人類社會系統並不
能產生亦步亦趨的自我調整，其結果是當人類的生產力
有了重大的突破，如由手工發展爲機器生產時，人類以
既有的生產方式和生產關係爲基礎所形成的社會系統，
就不但不能使新發展出來的生產力得以落實，發揮其效
果，而且會反過來成爲新生產力發展的障礙。此時，人
類社會陷入動盪不安的局面之中，而若要往前發展，就

必須透過生產方式的調整，改變生產關係（經過階級鬥爭與暴力革命），使人類社會進入另一階段相對穩定的狀態。

（二）辯證法與歷史唯物論

1.黑格爾的辯證法

關於世界本性的探討，向來就是哲學家最為關心的本體論問題，黑格爾自不例外。黑格爾曾對斯賓諾莎（Spinoza, 1632-1677）的本體論加以反省，再加上對德國觀念論、浪漫主義、古典經濟學和歷史主義的掌握，乃形成體系龐大的辯證法理論。

斯賓諾莎認為世界的本體，並不是某種孤立的元素，而是一種無須外因，自己能夠規定自己的單一實體[32]；黑格爾認為這種本體論，雖然比西方傳統的形上學向前邁進一步，但是，並無法完全彰顯實體的能動性；因此，這種本體論還是無法解釋現實世界的千變萬化和多采多姿。黑格爾認為唯有把實體理解為一個能動的主體，才能因著這個「既是實體又是主體」的是世界本體的運動發展歷程，掌握世界和萬事萬物的真相。

這就表示，黑格爾拋棄了「把世界本體只看作肯定

---

[32] Stuart Hampshire著，楊裴榮譯，《斯賓諾莎》，台北：長橋出版社，民國67年，頁25-63。

的東西」的西方傳統看法，他認為實體固然是一種肯定
的東西，但是它的肯定，唯有在不斷否定的運動發展歷
程中，才得以彰顯出來，而對實體這種否定的本性，還
必須用否定的否定才能加以規定，因為否定不只是一次
的否定，而是持續不斷的否定運動；黑格爾認為這種實
體運動發展的形式與格局，就是辯證法，而這些形式和
格局，並不是人所賦予的，它們是與實體的發展歷程直
接同一的[33]。因此，在黑格爾看來，辯證法並不是一種
我們時下所認知的分析和研究的方法，而是世界運動發
展歷程的形式和格局；職是，如果我們硬要給辯證法加
上主體認知的意義，那它頂多也只能是一種世界觀，而
這種世界觀目的在反對西方傳統所認為的靜態世界觀。
因為由以上的論述可知，黑格爾認為任何存在都是一種
不斷超越否定中呈現「合」或「全」的發展歷程。因
此，整個世界和萬事萬物的存在，唯有在不斷運動、演
變和發展的歷程中，才能展現它們的現實性和整個意
義。

　　西方傳統的哲學思想，是透過事物應具有或不具有
某種或某些固定的性質的這種實體化作用，來瞭解事
物、分析事物的；但是，黑格爾認為這種作法，缺乏浪
漫主義和歷史主義的心態，因此只會叫人陷入理智的窠
臼中而無法自拔。他認為認識世界和事物固然必須運用

---

[33] Koj'eve, Alexandre, trans: James H. Nichols, Jr., *Introduction to The Reading of Hegel,* NY: Basic Books, Inc. Publishers, 1969, pp.169-182.

實體化的作用——亦即必須從肯定開始——但是最重要的是必須進一步瞭解，這個世界和事物是處於不斷運動、發展和演變的歷程中，它們不斷否定自己，又不斷肯定自己，而否定只是為了使自身獲得發展，並使肯定實現於不斷的否定中；因此，黑格爾認為「一切肯定都是否定，而一切否定也都是肯定的」，職是，實體化的世界觀是無法掌握世界的真相的[34]。換句話說，黑格爾認為我們肯定世界和事物不只是肯定它的靜態的存在，而是肯定它是一種活生生的自我發展過程；因此，當我們在認知世界和事物的意義時，必須瞭解到真正的肯定，只能不斷的否定才足以把握和表示——亦即必須具有辯證的世界觀。在這種意義下，黑格爾的辯證法，不僅與世界本體運動發展的歷程、方式和格局直接同一，而且成為吾人認知事物和反省自己所應有的思維方式（the mode of thinking）。所以，在客觀層面上，辯證法就是本體和自身的展現；而在主觀意義上，辯證法又成為吾人認知思維所應依循的方式和角度。

在西方，遠自古希臘時代就有辯證法思想，其中雖經許多意義上的轉折，但將辯證法視為追求萬物根本原理或論辯以求真理的方法，可說是辯證法思想史中的主流；但是，從以上的論述可知，黑格爾並不將辯證法視為吾人認知事物、反省自己的工具或手段，而是將它與

---

[34] 張澄清，「評黑格爾關於內在否定性的思想」，廈門大學學報，1984年第1期，頁87-94。

世界本體的運動發展和吾人思維方式，直接聯繫在一起。職是，在黑格爾看來，辯證法並不是時下所認爲的某種「方法」（搜集、處理、分析事物的技術）。但是，我們可將之視爲某至種類型的方法論的整體論（methodological holism），而在實際應用時，可將它當作一種描述事物現象的方式。所以，我們若說黑格爾辯證法思想同西方辯證法主流有所不同，實不爲過。

黑格爾辯證法的形成，同他與西方辯證法思想的激盪是分不開的。而在這個意義上，黑格爾認爲他的辯證法，代表著相對於舊有的辯證法思想所展現的人類認知思維方式的最高發展；換句話說，黑格爾將自己的辯證法思想視爲人類精神發展的最高狀態，而有關於整個世界和事物的眞理，都將在他的辯證法所揭櫫的思維方式中完全展現出來；這也就是說，透過辯證法，眞理可以具體化於人身上，而眞理、辯證法和人就變成三位一體的關係。一句話，在黑格爾看來，辯證法與存有、思維、歷史的關係，是「即存有即辯證」、「即思維即辯證」、「即歷史即辯證」和「即眞理即辯證」的。

就如上述所述，在某種層面上，黑格爾是個柏拉圖主義者，因爲他把世界本體的發展歷程視爲既客體又能動的主觀精神、客觀精神和絕對精神三個階段，而整個現實世界就在於相應於主觀精神、客觀精神和絕對精神的辯證顯現歷史中，自我創造、自我說明、自我規定、自我發展的。在相應於這種世界本體顯現的同時，黑格

爾認為人的生命、社會和歷史本身也是一種自我發展、自我創造的過程，但是，人究竟如何體現既客觀又能動的世界本體在自身上的顯現呢？黑格爾認為，人的精神主體具有能動性，它能從使自身對象化、客觀化和外化，並能超越這種對象性、客觀性和外化，使自身獲得發展；亦即，人的生命和生活獲得表現和確證，同「人之精神心靈不斷超越其主觀性，與伴之而起的自然不斷否定其客觀外在性」的整個歷程，是一體的兩面。

換句話說，黑格爾是從人的精神能動性來說明人的生命和生活是一個自我創造的歷程；而唯有如此，黑格爾在處理現實的生命和生活時，才能說「即存在即辯證」，所以，在黑格爾看來，辯證法不過是人精神能動性的表現，而勞動也無非是精神的一種能動作用，沒有人的精神勞動，人就不可能是自我創造的生命，而辯證法也成為無根的範疇。

黑格爾將人視為一能動的精神存在物，當然是其歷史主義、浪漫心態的顯現；但是，這同他受古典經濟學，尤其是亞當・斯密和詹・斯圖亞特的影響有關，這兩者的勞動價值論，使黑格爾用勞動說明歷史和人的自我意識的產生，從而使勞動、辯證法和人之所以為人，成為三位一體的關係。

由以上的論述可知，辯證就是運動，就是過程，而辯證法在黑格爾思想中所具有的意義，計有下列幾種：（1）即本體即辯證；（2）即現象即辯證；（3）即思維

即辯證；（4）即歷史即辯證；（5）即生命即辯證；
（6）即眞理即辯證。就由於如此，許多思想家批評黑格
爾是泛邏輯主義者（pan-logist），而黑格爾也才敢認
爲，凡是合理的，必是眞實的；而凡眞實必是合理的。

　　此外，值得注意的是，有關黑格爾辯證法成立基礎
的問題。從黑格爾辯證法所具有的幾種意義中，我們很
清楚地知道，辯證法之所以可能，必須以本體義的辯證
法爲基礎，而且必須預設「歷程才是實在」這個命題，
以及生成變化（Becoming）、否定（Negation）、矛盾
（Contradiction）和棄而存昇（奧伏赫變，Auf hebung；
按：即「揚棄」）等範疇。至於整個黑格爾辯證法思想的
目的，在於企圖打破靜態的世界觀以及形式邏輯，而主
張變動不居的有機體世界觀以及所謂的辯證邏輯。

2.馬克思辯證法和歷史唯物論

　　馬克思一生對辯證法的態度，可分成以下幾個階
段：（1）企圖打掉黑格爾本體義的辯證法——以〈黑格
爾法哲學批判〉爲代表；（2）將辯證法世俗化（secu-
larization）以及清算黑格爾辯證法思想——以〈手稿〉
爲代表；（3）將辯證法歷史主義化，提出歷史唯物論
——以〈德意志意識形態〉和〈共產黨宣言〉爲代表；
（4）將辯證法實證主義化，指出人類歷史和社會，按照
不依人的意志而轉移的鐵的辯證規律進行發展——以
〈政治經濟學批判〉和「資本論」爲代表。

　　馬克思除了在其博士論文中，討論到宇宙論和本體論外，相當排斥談這些哲學主題。馬克思屬於青年黑格爾學派的一員，與其他青年黑格爾份子一樣，企圖繼續黑格爾辯證法思想所蘊含的批判和創進精神，因而他在大學畢業進入社會工作後，便詳細地反省黑格爾的法律和政治思想，並予確實的普魯士政治、法律、經濟和社會狀況相對照，以批判黑格爾思想「理論與實踐」的差距。

　　因此，在〈黑格爾法哲學批判〉中，馬克思認為，黑格爾透過世界精神在現實世界的具體顯現，說明普魯士的政治和法律狀況，是一種為現狀辯護的作法，而且違背其辯證法所蘊含的批判精神；而且，馬克思認為，普魯士政府根本就不能保證讓普遍、公平和正義能夠在人世間獲得實現，這可以反證普魯士政府根本就不是世界精神的具體顯現；因此，不能從透過世界的本體顯現來說明普魯士的現狀；而反過來，應該從人的現實物質生活，由下至上的來解釋普魯士政府和社會，何以會形成當時的結構和狀況[35]。

　　延續〈黑格爾法哲學批判〉的基礎，馬克思在〈手稿〉中認為，辯證法絕不能與對本體的解釋連結在一起，而必須落實到現實的人的生命和生活之中。這種將辯證法世俗化的工作，馬克思是透過對黑格爾辯證法和費爾巴哈思想的批評而完成的。馬克思認為，透過對費

---

[35]《全集》第一卷，頁123、141-142、147。

爾巴哈和黑格爾思想優點的綜合，就應將人的生命和生
活看成是一種辯證的過程——亦即看成活生生的人與多
采多姿的大自然的互動過程；不過，馬克思又認爲，這
種世俗化的辯證法之所以可能的基礎，並不是人的抽象
精神勞動，而是具體的勞動。做完了這兩個工作後，馬
克思在〈手稿〉中進行對黑格爾辯證法的批評，他認爲
一方面要揚棄它的神秘外衣，而另一方面則要繼承它的
合理內核。所謂揚棄神秘的外衣，就是要打掉黑格爾本
體論的辯證法；至於繼承合理的內核；所謂發揮黑格爾
變動不居的世界觀，或者說更明白一點，就是要發揚黑
格爾的歷史主義或「歷程才是實在」的看法。值得注意
的是，馬克思在〈手稿〉中，是要承續費爾巴哈的人本
學和自然主義，將人的生命和生活看成是「即生命、生
活即辯證」。因此，他認爲人透過具體的勞動，將自己
的理性、天賦能力和體力外化、客觀化和對象化在大自
然中，從而改進自然、創造自然，才得以成就自己的生
命和發展自己的生活。不過，馬克思認爲這種即生命、
生活即辯證的看法，充其量只是站在人本學、自然主義
立場上所推衍出來的結論[36]，對於現實的事實是無能爲
力的。

　　馬克思認爲，在現實的資本社會中，存在著異化勞
動的現象，這就表示，在實際的社會中，人的勞動並不

---

[36] Jordan, Z. A., *The Evolution of Dialectical Materialism: A Philosophical and Sociological Analysis*, NY: ST. Martin's Press, 1967, pp.54-64, 66-79, 87-98.

是自己能當家作主的勞動，而是受制於社會和歷史條件的勞動；因此，透過這種形式的勞動，人不是成就自己，而是喪失自己。而吾人如果想要讓人能夠重新當家作主的支配自己的勞動，就必須消滅這種異化勞動；職是，馬克思認為，若要使辯證法與現實的人生相結合，就必須是即「現實的」生命、生活即辯證，而人與自己的勞動和勞動產品相分離的異化現象，成為人們必須克服、超越的對象。

馬克思在〈手稿〉中，讚揚費爾巴哈將宗教世俗化、學問世俗化和人學世俗化，從而認為世間的一切學問應該是有關於「人」的學問，而當他清算黑格爾辯證法，總結出要繼承其歷史主義時，又進一步的認為，世間的一切學問，其本身就是歷史。因此，馬克思在〈形態〉中，就企圖透過歷史回溯的方法，指出人的生命和生活如何在歷史之流中發展演變，而且呈現不同的形態[37]。

馬克思在〈形態〉中，透過生產力和生產關係的矛盾統一的辯證發展過程，說明為何在歷史的發展過程中，分工和私有制會導致資本與勞動、土地與勞動以及智力與體力分離的異化勞動現象。因此，在這本著作中，辯證法被歷史主義化，變成即現實的歷史即辯證，而其成立的基礎，乃在於階級的鬥爭和革命──亦即透

---

[37] Oakley, Allen, *The Making of Marx's Critical Thinking: A Bibliographical Analysis*, Routledge & Kegan Paul Press, 1983, pp.32-34.

過階級的鬥爭和革命，歷史才呈現正反合的發展。

　　站在這種即現實即歷史即辯證的立場上，馬克思在〈共產黨宣言〉中，才會說「人類的歷史是一部階級鬥爭史」，而且企圖爲無產階級和「共產黨」指出「資本主義必然敗亡」的歷史發展方向。

　　馬克思在〈手稿〉中所強調的異化勞動現象，依照馬克思「即歷史即辯證」的觀點來看，正是資本主義社會化的生產力與個別化的生產關係發生矛盾，而使勞動者與資本家處於階級的分殊和對立所致。換句話說，在勞動者身上發生異化勞動的現象，正表示資本主義社會的生產力與生產關係已經處於矛盾的階段，而且正形成階段的剝削與對立。

（三）馬克思歷史唯物論與其「勞動」範疇

　　馬克思在〈手稿〉以前的重要著作中，並沒有正式處理過勞動的概念，例如在〈黑格爾法哲學批判〉中，馬克思著重討論君權（monardry），主權（sovereignty）等黑格爾政治哲學的範疇，以及土地財產和長子繼承制（primogeniture），而在〈論猶太人問題〉中，儘管馬克思提到金錢是人的勞動的異化了的本質，但是他並沒有對勞動概念進行討論，一直到〈手稿〉，馬克思才從哲學、經濟學的意義改成是勞動概念，換句話說，勞動概念是〈手稿〉的中心概念。但是，馬克思把它和許多經

濟現象、哲學範疇關聯在一起；因此，我們可以說馬克思在〈手稿〉中並沒有清晰的勞動概念，而使後人對他的瞭解倍感困難。

馬克思在〈手稿〉中從以下兩方面來討論勞動概念：1、自然主義的立場（或人與自然的關係）；2、人本主義的立場（或人與動物的區別，以及人在歷史、社會中的定位）。

1.自然主義的立場

深受費爾巴哈自然主義的影響，馬克思在〈手稿〉中認為，人直接地是自然存在物，因為人是自然界的一部分——人必須靠自然界生活——而自然界是人的無機的身體，換言之，馬克思認為人只有憑藉不依賴於他的自然界，才能表現和確證自己的生命，而反過來說，自然界就是人表現和確證自己生命所不可或缺的對象[38]；因此，馬克思更進一步指出自然界是人和人的勞動存在的前提；它一方面提供人肉體、感性存在所需的直接資料，另一方面更提供人通過勞動生產生活所需的材料；所以，自然界首先是作為人的直接生活資料，其次才作為人的生命活動（生產生活）的材料、對象和工具[39]。

在這種人與自然的關係中，馬克思認為人一方面作為受制約的、自然的、感性的對象性存在物——這與動

---

[38] 《全集》第四十三卷，頁167-169。
[39] 《全集》第四十三卷，頁92-93。

物沒啥兩樣，而一方面則作爲具有天賦、才能和生命力的能動自然存在物，因爲，人會透過勞動這種生產生活的生命活動，展現人的天賦、才能，而把自然界變成人生命或生活的一部分。換句話說，人並不會只屈從於自然事物的制約來過生活，而會透過勞動加工賦予自然事物不同的形式、內容和意義，以表現人眞實的生命和生活。

　　因此，在馬克思看來，作爲自然存在物的人，雖然他的生產生活的生命活動──勞動，必須以自然界的存在爲前提、爲條件，但是作爲一種「人的」自然存在物，人在自然界生產、表現自己的生命、呈現自己生活的意志和意識，卻是人的勞動的主要動力。換句話說，人之所以成其爲人，並不是像其他動物一樣，受到自己肉體需要的驅迫，與自然界產生直接的、幼稚的、單純的，受自然界制約的關係，而是會使自然界成爲自己生產生活的生命活動的資料、工具和手段[40]。

　　由以上的論述可知，馬克思站在自然主義的立場認爲，單純、直接、幼稚的吃、喝和性等行爲，只是人的動物機能，他們並不能顯示出人之所以爲人的特殊之處，而唯有生產生活的生命活動──勞動，才足以把人同動物的活動區別開來；儘管人的勞動具有自然世界對他所加諸的制約性，但是其中包含了人延續生命、追求

---

[40] 《全集》第四十三卷，頁95-97。

生活和確證自己的意志和意識作用。因此，在馬克思看來，人的勞動是一種帶有物質制約性的工具性勞動，而要全盤瞭解馬克思的勞動概念，就必須進一步透過馬克思的人本學立場，來進一步掌握[41]。

2.人本主義學的立場

由前面的論述可知，馬克思認為動物的生命活動是直接、而無須再生產、再創造的活動，因此，動物和它的生命活動是直接同一的，它本身直接的就是這種單純的生命活動；但是，人的生命活動是人意志和意識的對象，其中隱含了人延續生命、追求生活和確證自己的目的概念，以及人內在的種種尺度和看法。所以，馬克思認為：（1）動物只是在直接的肉體需要的支配下生產，而人甚至不受肉體需要的支配也進行生產，而且只有不受這種需要支配時才進行真正的人的生產；（2）動物只產生自身，而且它本身直接地就是這種單純的生命活動；但是，人在生產生活的同時，也在生產整個自然界，而且可以自由對待自己的產品；（3）動物只是按照它所屬的那個種的直接、單純的尺度和需要來進行活動，而人卻懂得按照任何一個種的尺度來進行生產，並且懂得處處把內在的人的尺度運用到對象上去，因此，人也按照美的規律來建造[42]。

換句話說，馬克思站在人本主義的立場認為，雖然

---

[41] 《全集》第四十三卷，頁121-127。

[42] 《全集》第四十三卷，頁97。

自然界是人表現和確證自己生命所不可或缺的對象；但是，唯有人透過生產生活的生命活動改造、在生產自然界，人才眞正是個活生生的人；因爲此時人能夠在他所創造的世界中直觀自身生命的存在和生活的發展，而如前述，生產生活的生命活動是人自己意志和意識的對象，因此，這樣也等於是說人在人的意志和意識中能動地、現實的復現自己。

論述至此，我們很清楚的瞭解，馬克思透過人本主義、自然主義的立場，說明人在自己的生命活動中對象化自己的天賦、才能和個性，從而享受到個人生命表現的愉悅；但是，馬克思認爲人的生命活動和享受，無論究其內容或存在的方式和意義來說，都是社會性的，因爲每個人都直、間接地是別人生命和生活的補充，是別人不可分割的一部分，職是，在個人自己的生命活動中，不僅表現自己的生命，而且也直、間接的創造了別人生命的表現；換句話說，在勞動中，個人直接證實和實現了人的眞正的社會本質，所以，馬克思認爲個人是社會存在物，他的生命表現，同時也就是他的社會生活的表現和確證[43]。

有了以上的認知作基礎，馬克思認爲人類的歷史不外是人通過這種具有物質性制約、主體能動性和社會性的勞動，以改造自然界、生產生活的過程，而這又表示

---

[43] 《全集》第四十三卷，頁123。

人的勞動是具有歷史性的，職是，除了人主觀的天賦能力外，勞動的內容和形式，是以往歷史的產物。

　　而在〈形態〉中，馬克思認為人類歷史的第一個前提是有生命的個人的存在，這也就是說，人類歷史，是與人的延續生命，生產自己生活直接同一的；而為了要延續生命，人首先就要滿足衣、食、住以及其他東西的需要，因此人的第一個歷史活動，乃是生產滿足這些需要的資料、工具和物質生活條件；而已經得到滿足的需要和為了滿足需要的活動和工具，又會引起新的需要，這些新的需要又促使人們進行生活資料的生產——勞動；不過，馬克思認為，人們用生產資料的方式，首先取決於他們所得到的現成資料，和需要再生產的生活資料的特性；換句話說，在人的勞動過程中，人的天賦能力和主觀意識的作用，是要受到自然條件和既成事實的特性所制約的。

　　此外，馬克思認為，當人進行生活資料的生產時，「亦即表現為雙重關係：一方面是自然關係，另一方面是社會關係；社會關係的含義是指許多人的合作。」[44]它對於人改造自然，生產生活的關係，具有制約作用，因為「生產本身是以個人之間的交往為前提的」[45]，人們只有以一定的方式進行交往，人改造自然，生產生活

---

[44]《全集》第三卷，頁33。
[45]《全集》第三卷，頁34。

的勞動，才能成爲現實；因此，人的觀念、思維和精神作用，除了要受自然條件，既成生活資料的制約外，更須受社會關係的制約；換句話說，馬克思認爲，人的思維和意識首先是人作爲自然存在物的直接產物，其次更是人的生產生活和社會關係的反映，所以，馬克思說「意識在任何時候都只能是被意識到了的存在，而人們的存在就是他們的實際生活過程。」[46]

正如前面所說，馬克思認爲人類歷史的第一個前提是有生命的個人的存在，所以此時所需要確定的第一個具體事實就是個人的肉體組織，以及受肉體組織制約的人與自然界的關係，而絕不是如許多人所說的作爲人的本質的意識、思想和自然界的關係，馬克思認爲唯有在人改造自然、生產生活的勞動發展過程中歷練，人的意識和思想，才不斷地由於「意識到不同歷史階段的不同存在」，而顯現出不同的形式和面貌。準此以觀，馬克思在〈形態〉中所認爲的勞動，是指人在一定的社會關係中，站在既有的生產水平上，製造和使用工具和資料來改造自然，使其適合人所需要的生產工具。

綜合以上的說明，我們可以將馬克思的勞動概念的意識歸納如下：（1）勞動被用來指涉生產，這是一種工具性的生產勞動，這種勞動成爲創造生活資料和財富的基礎，而且爲人類的社會、經濟制度和發展過程，提

---

[46] 《全集》第三卷，頁29。

供唯一有價值的最終解釋；（2）勞動被用來指涉滿足
（gratification）；馬克思認為勞動是滿足人各種不同需
要的手段，唯有這樣，人才可以透過勞動來彰顯、確證
和表現自己的生命；（3）勞動是具有社會性和歷史性
的過程。

附錄二

哈伯馬斯論現代西方社會和馬克思主義

編按：〈哈伯馬斯論現代西方社會和馬克思主義〉一文，原載於1988年《中山社會科學譯粹》第二卷第四期，談的則是哈伯馬斯對西方資本主義發展下所產生的合法性危機做出反思與批判，而這種反思與批判相當程度可以視為是延續了馬克思對資本主義的批判而展開的。由於本書論述上的方便，在書中雖然提到卻未能深入探討的某些觀點或概念，通過這篇文章，恰可以作為本書的補充。另外，兩篇附錄還有一個意義，這兩篇文章呈現了作者早年在學術歷程中的一段「讀書記錄」，雖然距今已有十多年的時間，作者仍決定讓它「原貌重現」。

　　哈伯馬斯（Jürgen Habermas）是一位思想體系相當龐大的思想家，目前正受到國內文化知識界的研究和重視，本文僅就其對現代西方社會和馬克思主義的論述作一分析，而這一分析是按照這三個部分來進行的：一、科技發展對現代西方社會的衝擊；二、現代西方社會的結構特徵；三、現代西方社會的危機傾向。

一、科技發展對現代西方社會的衝擊

　　韋伯（Max Weber）藉著「理性化」（rationalization）這個概念說明人類社會在追求現代化的過程中，科學和技術的進步對於社會的制度架構所造成的影響（一方面，科技是「理性化」過程的產品，但另一方面又強化了「理性化」的發展），而其所要解決的問題乃是如何去建構一套由於目標理性行動（purposive rational action）的擴張所引起人類社會制度變遷的概念模型——事實上[1]，在韋伯看來整個西方近代發展的過程，就是理性的發展過程[2]。

　　為了重塑韋伯所謂的「理性化」概念，哈伯馬斯提出一個範疇架構。這個範疇架構包括工作（work）和互

---

[1] Habermas, Jürgen, "Science and Technology as Ideology," *Sociology of Science*, Penguin Books, 1972, p.353.

[2] 高承恕，《理性化與資本主義——韋伯與韋伯之外》，台北：聯經出版社，民國75年5月，頁109-110。

動（interaction）兩個概念，他認為，所謂工作或目標理性行動就是指工具性或理性選擇，而工具性行動是受奠立在經驗知識基礎上的技術規則所支配，至於所謂技術規則，是意味著對物理或社會世界可觀察事件的有條件預測（這些預測可以被說明是正確或不正確的）。在另一方面，理性選擇的行為是受到奠立在分析性知識基礎上的策略選擇的支配，這些策略選擇是從喜好或價值系統出發，並在自己的決策過程中推衍出來的。目標理性行動可以體現既予條件下的某些特定的目標，但是當工具性行動按照對實體某種有效控制的標準組織了某些合適或不合適的手段時，有效的策略行動端賴於可能選出正確的評估[3]。

　　哈伯馬斯認為，所謂互動是指溝通行動，符號性互動，它是受有規約作用的共識性規範的支配，這些規範一方面可以界定人們對於相互行為的期望，而另一方面必須是被至少兩個行動主體所瞭解和承認。社會規範透過懲罰而受到強化，它們的意義在一般的語言溝通中被客觀化。而技術規則和策略的價值乃在於它們是否是經驗上為真或分析上正確的命題。社會規範有效性是植基於人與人相互瞭解的交互主觀性，而且必須透過對於義務的普遍性承認來加以保證。而在兩種行動中對於規則的破壞有不同的結果，破壞了技術規則或策略就是失敗，但是破壞的共識性規範就會受到早已協定好的懲

---

[3] Habermas, Jürgen, opcit., p.354.

罰。目標理性行動的規範提供人們種種技巧，而社會規範則會內化到吾人的人格結構中[4]。

　　哈伯馬斯就以這兩種形式的行動，配合社會系統論來分析人類社會。哈伯馬斯認為，一個社會的制度架構包括了能引導符號互動的規範；而社會中的一些次級系統，例如經濟系統或國家機器，則使目標理性行動制度化。這些次級系統與家庭和血緣結構有所不同，因為家庭和血緣結構最主要奠立在道德的互動規範基礎上[5]。

　　哈伯馬斯認為，目標理性行動就是一般人所謂的工作，而制度架構就是一般人互動的基礎，哈伯馬斯也把它叫做社會文化生活世界（Sociocultural life-world）。目標理性行動是在社會制度架構中或社會文化生活世界中進行的，但是，兩者畢竟有所不同，而只要行動是由制度架構所決定，它們就必須受到規範的引導或強化；在另一方面，如果人的行動受目標理性行動的次級系統的決定，他們就必須與工具性或策略行動的模型相一致。當然，只有制度化能保證這些行動在最大的可能情況下符合某些制度規則和被期望的策略[6]。

　　在哈伯馬斯看來，韋伯所謂的「理性化」，事實上，就是意味著技術和生產力的增加，以及技術控制力的擴張。

---

[4] Ibid., pp.354-355.

[5] Ibid., p.356.

[6] Ibid.

　　哈伯馬斯認為，19世紀的最後四分之一時期，西方先進國家出現了兩個相當引人注意的發展傾向，那就是國家積極介入社會事務以便保證系統的穩定，而且科學研究與技術之間的互賴性日益增強，使得科學成為人類社會的主要生產力。這兩個發展傾向基本上是改變了古典資本主義社會的目標理性行動系統和階級制度結構。而馬庫色（Herbert Marcuse）所強調的科學與技術已經產生了合法化政治權力的功能的看法，正好是分析這種轉變的主要關鍵[7]。

　　透過國家的介入長期的調節經濟運作過程，可以成為防止經濟系統出現負功能的機制。原先的資本主義理念強調要從禁制中解放出來，因此權力應該是中立的，但是，資本主義事實的發展很明顯地與此相反，「自由交易」在實際運作中根本無法做到，只有透過政府的社會和經濟政策穩定商業的循環運作，奠立在私有財產權之上的資本利用形式才能維繫下去。因此，社會的制度架構被政治化了。這很明顯地表示經濟和政治的關係已經改變，政治不再只是上層建築的一種現象，在經濟領域的運作中充滿了政府的活動，而這樣一來，馬克思原來的經濟基礎與上層建築的關係（在馬克思時代，基本上經濟和政治的功能是可以明確區分開來的）理論就不再管用了[8]。

---

[7] Ibid., p.362.

[8] Ibid., p.363.

在當代資本主義社會中，政治合法性不是透過生產關係所建構出來的非政治性秩序所延伸出來的。因為，自由交易這樣一種意識形態已經被某種替代綱領所取代。政府力量是積極介入以維持經濟運作的穩定條件，保證社會的安全以及個人往上流動的機會，從而進一步確保私有形式以及群眾對此形式的效忠，換句話說，政府的力量主要在消滅經濟系統的負功能以及避免威脅到整個社會系統的經濟風險，這樣一來，政府的活動主要是著眼在行政性技術問題的解決。而不是實現某些實際的目標[9]。

基本上，技術性問題的解決是不需要依賴公共討論的，所以「國家介入主義」所形成的新型態政治要求社會公共範圍的非政治化（depoliticization）。而政府所要做的就是讓公眾認為非政治化是合理的，從而來確立其政治的合法性。如何做的呢？哈伯馬斯認為，就像馬庫色所說的，讓科學和技術扮演意識形態的角色[10]。

高度發達的資本主義社會（advanced capitalist society）的另一個主要特徵是由於新技術的出現帶動勞動生產力的提高，而技術的發展與科學的進步又生產反饋的關係，兩者成為共同的主要生產力。這樣一來，馬克思的勞動價值論不適用了。因為科學和技術的進步成為剩餘價值的一個獨立根源，馬克思原先所看中的那些直接

---

[9] Ibid., pp.363-364.

[10] Ibid., p.365.

生產的勞動者變的越來越不重要了[11]。

　　在高度發達的資本主義社會中，科學與技術的進步已經制度化，從而使得人們無法意識到工作與互動的分野。在過去，人們是透過自己的理性決策的工作性行動來參與社會生產，從而去提高社會生產力的。而今社會經濟的發展，生產力的提高主要是依賴科學和技術的進步，這樣一來就會出現這種狀況：科學和技術進步的邏輯似乎決定社會系統的發展。這種科技主義會使得整個社會不是透過溝通行動的參考架構以及符號互動系統來從事自我瞭解，而是透過科學的模式來進行自我瞭解。在社會生活世界中的自我瞭解機制，由於目標理性行動的強調而受到破壞，人也因而產生了自我物化的現象。這也就是說，社會制度結構整個被目標理性行動佔領和併吞。技術性和運作性的行政力量成為政府系統中的主要力量[12]。如果再進一步從社會心理學的角度來看，這也就是「超我」（superego）趨於解體的現象[13]。

　　此外，哈伯馬斯也指出，由國家管理的資本主義，可以透過經濟調節的政策或技術去消弭階級的對抗，平息階級的衝突，從而使階級的矛盾變成隱而不顯，因此，馬克思的階級鬥爭理論不再能毫無條件地應用到對於高度發達的資本主義的分析中。哈伯馬斯認為，在科

---

[11] Ibid., p.366
[12] Ibid., pp.367-368.
[13] Ibid., pp.368-369.

技進步的籠罩下，科技意識（technocratic consciousness）已經成爲超階級的普遍社會意識。

在國家管理的資本主義中，由於政治分配機制的運作，產生了超越階級的群眾效忠（對於社會），因此資本－勞動的關係不再演變爲不可糾正的剝削和壓榨的關係，從而也使得那些替階級剝削和壓榨作辯護的舊式意識形態，失去存在的有利客觀環境。

科技意識目的在於維繫群眾對於社會以及技術官僚政體的忠誠，以便讓社會和技術官僚政體能夠正常運作下去。而從另一方面來說，科技意識目的在使人穩定在目標理性行動的系統之中，而不是要人們沉澱在某種規範系統（或超我的系統）中[14]。這樣一來，就會使體現在日常語言中的互動參考架構陷入停滯的狀態中，產生系統性扭曲溝通的現象。換句話說，科技意識使得人們維持互相瞭解的交互主觀性的生活興趣趨於消失，代之而起的是技術控制性興趣主宰了人們的生活，而這也就是說，科技意識使得人們生活中的實踐性興趣與技術性興趣的差別整個被消滅掉[15]。因此，儘管科技意識不像舊式意識形態那樣被認爲是一套階級利益和剝削辯護的虛假意識，但是它對於人類社會的衝擊是遠遠超過舊形式的意識形態的。

---

[14] Ibid., p.373.

[15] Ibid., p.374.

二、現代西方社會的結構特徵

哈伯馬斯認為，我們如果要對高度發達的資本主義社會有深刻的掌握，就必須放棄經濟主義的簡單化解釋方式，事實上，面對第二次世界大戰以來歐洲國家高舉社會民主大旗的改良式主義的長期的成功以及階級利益衝突的緩和，經濟主義的研究途徑事實上已經陷入困境；而且，我們如果企圖要以馬克思思想面對高度發達的資本主義社會的幾個重要特徵：政府介入主義（Government Interventionism）、大眾民主（Mass Democracy）以及福利國家等，勢必會產生困難。

在政府介入主義方面，哈伯馬斯認為，最顯著的莫過於政府大力介入市場的運作中，但這種介入原則是在以下的但書條件下產生的：私有制仍然必須具有至高無上的神聖性，而且種種私人投資必須獲得基本的保障。哈伯馬斯認為，如果社會的生產過程是透過政治權力來加以控制，那麼經濟成長可能將會失去固有的資本主義的推動力，而且經濟將會失去其在社會中的優先地位。政府的介入儘管不會影響（依賴市場的）經濟與沒有直接經濟生產力的政府之間的基本分工，但是政府可以透過軍事和「法律－制度」手段保證經濟生產方式的持續，影響企業循環以及提供資本獲得的基本條件。說的更明白些，政府可以透過手段去操縱那些私有企業從事決策時所需要的周邊條件。而哈伯馬斯認為，政府大力

介入經濟系統的最直接結果是，經濟的危機傾向不但可以透過行政手段來阻止，而且可以轉移到行政系統中[16]。

　　儘管政府介入社會事務的目的是為了避免社會系統出現危機或風險，但就在這一點上，政治運作並不在於積極顯現其特殊的「消極性」，因為如此一來，政治運作並不在於積極的實現一些實際目標，而傾向於一些技術問題的解決。因此，當政府面對種種工作時，科學就變成其解決問題的唯一手段，技術專家政治於焉形成，民主的決策過程失去其應有的功能。而在這種情況之下，就出現一種新形式的合法化現象，政治「合法化」變成一個技術問題，建立在行政人員、技術專家以及政治人物保證社會大眾最基本的福利水平，成功的管理經濟以及維持經濟成長的能力上，而且，科技意識也就成為政治合法化的意識形態基礎[17]。

　　科技意識的核心是工具理性，而科技宰制的結果就是社會的制度性架構（符號性互動的領域）逐漸受到「目的－理性」行動系統的侵蝕，其最後理想是企圖形成一個由工人技術所控制操縱的具有自我調節能力的社會組織（cybernetically self-regulated organization of society），這是一個具有「否定性」的強調技術能夠控制歷

---

[16] Habermas, Jürgen, *The Theory of Communicative Action*, Vol. 2, Boston: Beacon Press, 1985, pp.343-344.
[17] Held, David, *Introduction to Critical Theory*, p.264.（台北：唐山出版社翻印）

史發展的烏托邦構想[18]。

　　具有自我調節的高度發達的資本主義，事實上就是一種由國家管理的資本主義，它的最主要目標是平息階級衝突，以防止公開的階級對抗產生了對社會系統的危害。換句話說，高度發達的資本主義系統是通過一種補償政策，以獲得那些依靠工資度日的群眾的忠誠，進而消弭衝突來界定的。而這雖然不是意味著階級對抗已經消失，但卻意味著階級對立的潛伏：儘管仍然會有關於工資、工作條件等的衝突，但大部分都可以迅速的被解決，而一些較具有爆炸性的衝突的出現，往往是不平衡發展以及不公平（甚至散亂）的政府的介入後果，社會衝突的區域已經從階級領域移轉到那些享受權益較少的生活地帶[19]。

　　在大眾民主方面，哈伯馬斯認為，在高度發達的資本主義社會中，其整體的行動體系是一個貨幣和行政權力交織而成的複合體，因此，我們可以拿貨幣和行政權力作為中介橋樑，來觀察高度發達的資本主義社會。貨幣可以透過資本私有化的制度固著在人們的生活世界中，而人際間的價值體系也可以工資勞動者與資本擁有者之間的契約關係作為出發點，很容易建立起來。但在另一面，政府組織光具有「公共－法律」性（public-legal）（能夠將法律應用到社會大眾身上去）對於維繫

---

[18] Ibid., pp.265-266.
[19] Ibid., pp.266-267.

其權力是不夠的，還需要以維持政治秩序維的合法性作
爲基礎。基本上，在高度發達的資本主義社會中，政府
建立合法性的過程原則上是以組織和信仰的自由以及政
黨之間的競爭作爲基礎，從而自由、秘密的普選方式來
加以調整的。不過，社會大衆事實上是在某些結構性的
限制下從事他們的政治參與的[20]。

　　資本主義與民主之間存在著一種無法解消的張力。
因爲資本主義內在的系統發展邏輯，必然會以生活世界
的技術化作爲終結，並且力求經濟運作免受生活世界的
限制以及無須像行政體系那樣需要合法性的支持。換句
話說，若從馬克思的意義來講，資本主義的發展必然力
求勞動生產（不管是精神或物質）的私有化；而反過來
說，民主的發展，必然會要求整體的社會行動體系受生
活世界的制約，以生活世界爲基礎，強調生活世界的優
先性，認爲社會共識是形成政治目標的首要環節。若從
馬克思的意義來講，民主發展的結果，會出現力求勞動
生產的政治化或社會化（接受政治或社會力量的調整或
制約）的現象[21]。

　　強調生活世界在民主政治運作中的優先性，當然就
是強調透過溝通過程所形成的社會共識的重要性，而且
我們甚至可以將社會共識視爲政府合法性的基礎；不
過，在另一方面，我們千萬不能忽視政府主動獲得合法

---

[20] Habermas, Jürgen, opcit., pp.344-345.

[21] Ibid., p.345.

性的重要性。事實上，政治系統可以透過積極的以及選擇性的手段去生產出「群眾的效忠」（mass loyalty）。積極手段指的是政府可以透過種種社會福利綱領的制度和實行從而獲得大眾的支持；而選擇性的手段指的是政府可以設法讓某些論題無法進入公共討論領域中。不管政府是採取哪一種手段，明乎此，我們應該瞭解社會大眾的政治參與事實上是受到普遍限制的。一般而言，社會大眾的選舉行為只能對表面上的徵召政治領袖這件事有所影響，超過這個範圍就幾乎毫無影響力[22]。

　　在福利國家方面，哈伯馬斯認為，一個國家實行社會福利政策，其目的是為工資勞動生產者所會遭遇的風險預作防患準備，針對他們由於處於結構性的弱勢市場地位所產生的種種困難提供補償，另外也讓集體的談判獲得法律制度化的地位。社會福利政策不只是透過個別補償的方式來達到社會調節的目標，而且透過一些公共性的興廢除弊措施來提高社會大眾生活的平均水平。不過，儘管社會福利政策可以消除社會上一些極端的不幸現象，增進社會的和諧，但基本上並沒有觸動財產、收入和權力關係的結構性不平等[23]。

　　如果政府要繼續拓張社會福利政策的範圍，必然會面臨困境，因為這勢必影響到政府要用在幫助企業，改善經濟基礎，以便持續經濟成長的預算費用。事實上，

---

[22] Ibid., pp.346-347.

[23] Ibid., p.347.

不只用在社會福利的花費要受到預算的限制，而且以組織方式展現出來的社會福利功能的種類，必然要受到貨幣和行政權力交換結構的制約。換句話說，社會福利政策是以不觸動資本主義的有組織的職業系統，不妨礙資本主義、經濟成本，不傷害整個經濟生產的組織形式和資產階級的利益為前提的。而這也就是說，儘管福利國家政策可以使階級衝突趨於緩和，但其是以做為資本主義推動機制的累積過程的持續運作，不致受到政府介入財經領域的影響為前提的[24]。

福利國家政策的調和原則改變了經濟系統、政府系統和生活世界（包括私人和公共範圍）之間的既存關係，而且伴隨著關係的改變，使得受雇者的職業角色、消費者、公共官僚機構的顧客和一般公民的角色趨於結晶化和標準化（crystallized & normalized）。而社會福利政策之所以能夠促成標準化的職業角色以及消費者角色的出現，那必須是以一般公民角色的普遍化和中立化做為基礎──普通公民一方面被當作社會福利機構服務的顧客，享受其所提供的種種照顧和福利，而同時另一方面卻從政府的決策過程中被隔離開來，政治參與變成一種相當抽象的形式。在這種情況下，社會階級衝突趨於緩和，社會系統的整合被當作至高無上的原則，一般社會大眾的生活世界趨向於非政治化（depoliticization），並且籠罩在私己主義（privatism）──力求獲得更多的

---

[24] Ibid., pp.347-349.

休閒，更多的個人福利以及更多的消費——的制約之下；因此，高度發達的資本主義社會的民主政治，就成為無須社會大眾直接參與的形式民主政治，一般公民充其量所擁有的只是參與選舉的權力。而且，社會系統失去平衡或安定的危機在行政運作的過程中轉移到一般社會大眾的生活世界中，因為一般社會大眾不在透過交互主體性的辯論、溝通和瞭解，形成一套合理的社會規範以做為人們生活世界運作的基礎，他們重視的只是如何以最有效的辦事方法及途徑去體現利己主義[25]。

在這種情況下，人們生活的「公共範圍」（public sphere）——指公共意見得以藉以形成的社會生活領域，這個領域基本上可以集會、結社、言論的自由做為保證，讓社會大眾得以無限制的從批判的角度討論有關一般社會的事務——也會受到化約和壓縮，原先資本主義社會的人們企圖透過「公共範圍」達到政治批判的功能，會趨於消失，從而使得「公共意見」喪失表現社會大眾主體自主性的原來意涵，而「公共範圍」也陷入「非政治化」的地步之中。換句話說，高度發達的資本主義的市民社會不再是可以透過市場自發的調節的領域，其與政治領域之間具有密不可分的關係，他們並不是兩個截然分開的範圍，如此一來，社會基礎和上層建築之間的關係應該重新評估，而古典資本主義社會「公平交易」這個意識形態已經趨於瓦解，因為社會交易過

---

[25] Ibid., pp.349-350.

程是在直接的政治調節下運作，政府這隻可見的手取代
市場機能看不見的手[26]。

三、現代西方社會的危機傾向

　　哈伯馬斯認為，高度發達的資本主義社會的經濟系
統要求勞動和資本的輸入，而其輸出則是種種可供消費
的價值。不充分的輸入會引起經濟危機，而這基本上主
要是資本主義生產方式陷入混亂（工資勞動和資本之間
出現結構性的不平衡交換關係）所導致；此外，如果可
供消費的價值無法按照市場機能來分配，從而使得自由
資本主義的運作出現障礙，這時也會出現系統輸出的危
機。不過，哈伯馬斯認為，高度發達的資本主義社會的
經濟系統的危機傾向仍然主要是受工資勞動與資本之間
所形成的交換價值結構所制約，而政府介入經濟系統
時，除沒有以「近乎自然」的方式服從價值規律的運作
邏輯外，反而有意的去追求具有廣泛聯合的壟斷性資本
家的利益，於是政府成為強有力的「集體式」的資本
家，把資本的累積當作是政治計畫的核心工作，這往往
是促使經濟系統產生危機的主因[27]。

　　政治系統要求廣泛的群眾忠誠的輸入，而其輸出則

---

26 Held, David, opcit., pp.263-264.
27 Habermas, Jürgen, *Legitimation Crisis,* pp.45-46.（台北：唐山出版社翻印）

是具有權威性的政策制定和執行。輸入項的危機以合法性危機的形式出現，而輸出項的危機則以合理性危機（rationality crisis）的形式出現。合理性的危機是一種移轉性的系統危機，它指的是行政系統無法成功的解決來自於經濟系統的問題和要求，社會大眾懷疑行政系統行政措施的合理性，這種危機傾向會導致政府合法性的消退。至於合法性的危機是一種認同危機（identity crisis），它指的是政府不再能透過行政系統維持或建立社會大眾認同社會所需的有效規範結構。哈伯馬斯認為，在高度發達的資本主義社會中，政治系統的觸角不只介入經濟系統，而且介入社會文化系統，而隨著政府介入社會的各個次級系統，有組織的理性化不斷擴張之時，文化傳統卻會被破壞和削弱，從而使得社會大眾的生活動機無以為繼，不願再認同政治系統甚至整個社會。儘管傳統對於合法性的建立很重要，但是政府不能透過行政手段再生產傳統，行政操縱的結果往往會使原本固著在傳統中的意義和規範，遭到扭曲、放棄，引起許多意想不到的負面效應，導致群眾社會認同的危機[28]。

　　社會文化系統的輸入項須接受來自經濟和政治系統的財貨、服務、法律行動、行政行動以及公共和社會安全的政策等東西。政治和經濟系統的輸出危機造成社會文化系統的輸入障礙，並且轉變成政府合法性退消的現象，而且，前面所提到的種種危機傾向可以指透過社會

---

[28] Ibid., pp. 46-48.

文化系統爆發出來[29]。一個社會的整合，一方面直接依賴社會文化系統能夠產出提供政治系統獲得合法性的動機，而另一方面則間接依賴社會文化系統產出能提供教育和職業系統所賴以實現生命成就價值的規範結構和指導方針。因為社會文化系統並不能組織它自己的輸入，因此它不會自己產生輸入項的危機，危機通常都是輸出項的危機。而這種危機基本上是指社會文化系統無法維繫社會大眾的生活動機，進而使社會大眾無法形成支持政治系統的動機。哈伯馬斯認為，在高度發達的資本主義社會中，國家不斷介入私有的領域，會改變社會文化系統中的整個動機結構，甚至導致整個既存的需求和承諾結構的解體，哈伯馬斯以「動機危機」（motivation crisis）這個概念來處理這個問題。而他所謂的動機危機是指當社會文化系統無法輸出國家和社會勞動系統賴以正常運作的基礎時所產生的一種社會大眾生活失去動力，社會喪失認同的危機[30]。

　　兩種由高度發達的資本主義社會的社會文化系統所產生的主要動機模式，是市民的利己主義（civil privatism）以及家庭－職業的利己主義（familial-vocational privatism）。市民利己主義是指以個人為取向，希望政治系統的輸出能夠滿足個人利益需求的行為模式；家庭－職業的利己主義，一方面指一種以家庭為取向，著

---

[29] Ibid., p.48.

[30] Held, David, opcit., p.292.

重休閒和消費生活的行爲模式，而另一方面則指以職業
利益爲取向，著重職務地位競爭的行爲模式，兩種模式
的動機都是高度發達的資本主義社會維持系統正常運作
所必須的。哈伯馬斯認爲，當產生這些動機的傳統遭受
到侵蝕，而社會規範結構的發展邏輯又阻止社會再生產
一個可以替代受侵蝕的傳統的綱領時，上述兩種動機的
基礎就受到腐蝕，動機危機就會出現。

　　上述兩種動機是傳統的「前資本主義的因素」（如
宗教傳統、古老的倫理觀等）和資產階級因素（如追求
進步的個人主義以及功利主義）混合下的產物。不過，
理性化的發展結果，會導致傳統因素的日益消失，人們
的生活世界日益受到工具理性的宰制，技術控制興趣主
導生活世界的運作。在另一方面，當國家的介入不當導
致分配不公，使得社會大眾隨著教育水平的不斷提高所
帶動的期望升高卻無法在就業機會中獲得協調時，人們
就會失去對作爲稀有價值分配者的市場的信心，從而使
不斷競爭以及追求成就的信念逐漸受到破壞；此外，國
家的擴張發展也會使得占爲己有的個人主義（posses-
sive individualism）受到侵蝕，人們逐漸不願意再透過
勞動來獲得交換價值（工資或薪水），以生產他們的生
活，整個交換價值體系會逐漸趨於崩潰[31]。

　　高度發達的資本主義社會的發展邏輯不但會阻止社

---

[31] Ibid., pp. 292-294.

會在生產出利己主義的動機，而且有可能使得社會出現
倒退，權威主義逐漸抬頭。不過，哈伯馬斯認為，高度
發達的資本主義社會要擺脫這個困境，就必須有賴一種
以互為主體的溝通為基礎所形成的溝通理性（這種理性
追求對互為主體的規範的適用性和可欲性的理解，以便
發現溝通雙方認可的價值，接近彼此的觀點）的建立。
不過，現代西方社會並不能完全擺脫工具理性的制約，
面對這樣的事實，我們不能僅止於對工具理性的批判，
而必須以溝通理性來指導工具理性，盡可能的將其負面
作用予以減少[32]，而這一方面的討論是屬於哈伯馬斯晚
近以來所努力建構的溝通理論的範圍，本文囿於篇幅所
限，無法進一步詳加論述。至於對現代西方社會討論密
切相關的「歷史唯物論重建」部分，本文也因篇幅所限
無法論述。最後，值得進一步加以強調的是，哈伯馬斯
儘管認為技術理性（以是否符合技術要求作為判斷一切
活動是否合理的標準）已經成為政治系統合法性的基
礎，並且導致工具理性和溝通理性之間區別的消失，技
術控制成為新形式的政治控制，但基本上，哈伯馬斯仍
然預設人際間的理性共識是可以形成的，這是一種以生
活實踐為取向的理性主義；而且，哈伯馬斯認為在溝通
互動範圍內理性化就是意味著人們主體性的再現，人性
的解放（不是狹義的性欲的解放），這不是一種很簡單
的回歸自然的浪漫主義，不過，在這個關鍵點上，哈伯

---

[32] 高承恕，前揭書，頁147-149。

馬斯是企圖透過其溝通理論進一步重建民主理論，來作
為其論述基礎的[33]。

---

[33] Marcus, Judith & Zoltan Tar, *Foundations of The Frankfurt School of Social Research*, London: Transaction Books, 1984, pp.129-131.

參考書目

（一）中文書籍

1. H. Peyton Young著，王勇譯，*個人策略與社會結構：制度的演化理論*，上海：三聯書店，2002年。

2. Jan-Erik Lane & Svante Ersson著，何景榮譯，*新制度主義政治學*，台北：韋伯文化，2002年。

3. James S. Coleman著，鄧方譯，*社會理論的基礎*，北京：社會科學文獻出版社，1999年。

4. Ludwig Von Mises著，*經濟學的認識論問題*，北京：經濟科學出版社，2001年。

5. Pierre Bourdieu & Jean-Claude Passeron著，*再生產：一種教育系統理論的要點*，北京：商務印書館，2002年。

6. Pierre Bourdieu & Loic JD Wacquarnt著，李猛、李康譯，*實踐與反思：反思社會學導引*，北京：中央編譯出版社，2004年。

7. Robert D. Putnam著，王列、賴海榕譯，*使民主運轉起來*，南昌：江西人民出版社，2001年。。

8. 王水雄，*結構博奕：互聯網導致社會扁平化的剖析*，北京：華夏出版社，2003年。

9. 中共中央馬克思恩格斯列寧斯大林著作編譯局，*馬克思恩格斯全集：第十三卷*，北京：人民出版社，1962年。

10. 李英明，全球化與後殖民省思，台北：生智文化，2003年。

11. 李英明，*閱讀中國：政策、權力與意識型態的辯證*，台北：生智文化，2003年。

12. 李英明，國際關係理論的啓蒙與反思，台北：揚智文化，2004年。

13. 胡榮，*理性選擇與制度實施：中國農村村民委員會選舉的個案研究*，上海：遠東出版社，2001年。

14. 周雪光，*組織社會學十講*，北京：社會科學文獻出版社，2003年。

15. 張其仔，*社會資本論：社會資本與經濟增長*，北京：社會科學文獻出版社，2002年。

16. 薛曉源、陳家剛主編，全球化與新制度主義，北京：社會科學文獻出

版社，2004年。

17. 曹榮湘選編，*走出囚徒困境：社會資本與制度分析*，上海：三聯書店，2003年。

18. 黃宗智，*中國研究的規範認識危機*，香港：牛津大學出版社，1994年。

19. 黃宗智主編，*中國研究的範式問題討論*，北京：社會科學文獻出版社，2003年。

20. 陳振明主編，*政治的經濟學分析：新政治經濟學導論*，北京：中國人民大學出版社，2003年。

21. 楊念群、黃興濤、毛丹主編，*新史學（下），多學科對話的圖景*，北京：中國人民大學出版社，2003年。

22. 羅家德，*NQ風暴：關係管理的智慧*，北京：社會科學文獻出版社，2002年。

（二）中文期刊論文

1. 汪和建，「對經濟社會關係進行分析的方法論」，*社會學研究*，1994年第3期。

2. 劉世定，「嵌入性與關係合同」，*社會學研究*，1999年第4期。

3. 劉牧，「鄉鎮企業非正式人際關係與關係合同的比較」，*理論探討*，2003年第3期。

4. 欒剛，「國際貿易下的社會資本再生產實現條件」，*南開經濟研究*，1994年第1期。

5. 趙延東，「社會資本理論述評」，*國外社會科學*，1998年第3期。

（三）英文書籍

1. Aberg, Martin, *Social capital and democratisation: roots of trust in post-Communist Poland and Ukraine,* Aldershot, Hants, England; Burlington, VT: Ashgate, 2003.

2. Baker, Wayne E., *Networking Smart: How to Build Relationships for Personal and Organizational Success,* NY: McGraw-Hill, 1994.

3. Burt, Ronald S., *Structural Hole: The Social Structure of Competition,* Cambridge: Harvard University Press, 1995.

4. Coleman, James S., *Foundations of Social Theory,* Harvard University press, 1990.

5. Cook, Karen Schweers & Margaret Levi, *The Limits of Rationality,* Chicago: University of Chicago Press, 1990.

6. Dekker, Paul & Eric M. Uslaner, *Social capital and participation in everyday life,* London/New York: Routledge, 2001.

7. Grootaert, Christiaan & Thierry Van Bastelaer, *The Role of Social Capital in Development: An Empirical Assessment,* Cambridge: Cambridge University Press, 2002.

8. Granovetter, Mark & Richard Swedberg, *The Sociology of Economic Life,* Westview Press, 1992.

9. Lieberthal, Kenneth & Michel Oksenberg, *Policy Making in China: Leaders, Structures, and Processes,* NJ: Princeton University Press, 1988.

10. Lin, Nan, *Social Capital: a theory of social structure and action,* NY: Cambridge University Press, 2001.

11. Lin, Nan, Karen S. Cook & Ronald S. Burt, *Social capital: theory and research,* New York : Aldine de Gruyter, 2001.

12. Montgomery, John D. & Alex Inkeles, Pacific Basin Research Center, *Social capital as a policy resource,* Boston, MA: Kluwer Academic Publishers, 2001.

13. Peters, B. Guy, *Institutional Theory in Political Science: The New Institutionalism,* Pinter, 1999.

14. Putnam, Robert D., *Making Democracy work: Civic Traditions in Modern Italy,* Princeton University Press, 1992.

15. Shirk, Susan L., *The Political Logic of Economic Reform in China,* University of California Press, 1993.

16. Steinmo, Sven, Kathleen Thelen & Frank Longstreth, *Structuring Politics:*

Historical Institutionalism in Comparative Analysis, N Y: Cambridge University Press, 1992.

17. Walder, Andrew G., *Communist Neo-Traditionalism : Work and Authority in Chinese Indestry,* Berkeley: University of California Press ,1986.

18. Wellman, Barry & S. D. Berkowitz, *Social Structure A Network Approach,* Cambridge University Press, 1988.

19. White, Harrison C., *Identity and Control: A Structural Theory of Social Action,* NJ: Princeton University Press, 1992.

20. Williamson, O. E., *Markets and Hierarchies: Analysis and Antitrust Implications,* NY: The Free Press.1975.

21. Williamson, O. E., *The Economic Institutions of Capitalism: Firms, Markets, Relational Contracting,* NY: The Free Press, 1985.

（四）英文期刊

1. Joskow, Paul L., "Contract Duration and Relationship-Specific Investment: Empirical Evidence from Coal Markets," *American Economic Review,* March 1987, vol.77:168-185.

2. Koelble, Thomas A., "The New Institutionalism in Political Science and Sociology," *Comparative Politics,* January 1995, vol.27:231-243.

3. Lin, Nan, "Local Market Socialism: Local Corporatism in Action in Rural China," *Theory and Society,* 1995, vol.24:301-354.

4. March, James G. & J. P. Olsen, "The New Institutionalism: Organizational Factors in Political Life," *American Political Science Review,* 1984, vol.78: 734-749.

5. Montgomery, James, "Toward a Role-Theoretic Conception of Embeddedness," *American Journal of Sociology,* 1998, vol.104: 92-125.

6. Ostrom E., "Rational Choice Theory and Institutional Analysis: Toward Complementarity," *American Political Science Review,* Mar 1991, vol.85: 237-243.

7. Uzzi, Brian, "The Sources and Consequences of Embeddedness for the

Economic Performance of Organizations: The Network Effect," *American Sociological Review,* 1996, vol.61:674-698.

8. Uzzi, Brian, "Social Structure and Competition in Interfirm Network: The Paradox of Embeddedness," *Administrative Science Quarterly*, 1997, vol.42:36-67.

9. Zhou, Xueguang, Wei Zhao, Qiang Li & He Cai, "Embeddedness and Contractual Relationships in China's Transitional Economy," *American Sociological Review*, 2003, vol.68:75-102.

新制度主義與社會資本

作　　者／李英明

出 版 者／揚智文化事業股份有限公司

發 行 人／葉忠賢

總 編 輯／林新倫

執行編輯／詹弘達

登 記 證／局版北市業字第1117號

地　　址／台北市新生南路三段88號5樓之6

電　　話／（02）2366-0309

傳　　真／（02）2366-0310

郵撥帳號／19735365　戶名／葉忠賢

網　　址／http://www.ycrc.com.tw

E - m a i l／service@ ycrc.com.tw

印　　刷／鼎易印刷事業股份有限公司

法律顧問／北辰著作權事務所 蕭雄淋律師

ISBN 957-818-736-X

初版一刷／2005年4月

定　　價／新台幣 250元

國家圖書館出版品預行編目資料

新制度主義與社會資本＝From New-
　　Institutionalism to Social Capital ／李英明著.
　　--初版. -- 臺北市：揚智文化,
2005〔民94〕
　　　面： 公分.
　　參考書目：面
　　ISBN 957-818-736-X（平裝）

　　1. 社會科學 - 研究方法

501.2　　　　　　　　　　　　　　　94005924